預習世代

無懼未來的
青春教養故事

陳之華 著

A Prepared Generation

謹以此書獻給我的兩個女兒，

若非她們積極主動於年少時就開始打工、接觸職場，

並一路堅持至今，讓工作不斷地成為青春生活中的重要部分，

讓工作成為一種青春生命的日常，也讓工作成為自我成長與進修的動力。

如此多年的抉擇與持續，才成就了這本書的樣貌。

推薦文

下一步應該不為孩子做什麼

Choyce ◆ 親子育兒與旅遊達人

上回到岡山兒島造訪知名日本料理餐廳享用午餐時，前來接待的服務生與傳統身穿和服、溫柔有理且老練招呼的女將不同，是兩個帶著羞赧、漾起雀斑還穿著制服的小男孩；才年僅十三歲的國一男孩因學校推行的職業體驗課程，於是自己找到願意提供實習與訓練的場所，並投入為期三個整天的訓練。

與台灣孩子花大錢到 BabyBoss 職業體驗城、進行短短二、三十分鐘的角色扮演遊戲不同，兩位十三歲男孩笨手笨腳地依序請客人入座，送上餐具與餐點並收拾餐桌，途中還發生收錯餐具等小插曲，這兩個與我家十一歲子喬年紀相當的孩子，每個笨拙的一舉一動都是當天最美的花絮。當我問孩子們在家也會幫媽媽做家事嗎？他們有點害羞地點點頭。

餐點的美味無庸置疑，而那天兩個國一小男生的靦腆與笨拙，卻是讓我回味再三的調味劑。

澳洲孩子呢？長期旅居澳洲的親職教養作家陳之華以從旁輔佐的觀察者角度，來看兩個大女孩如何在打工中度過的青春期難關。在台灣，十五歲的孩子過著作白日夢等被催促上補習班、寫作業的日子，而陳之華的兩個女孩早在十三、四歲就開始學著寫履歷、投履歷、參加就職活動、在面試官面前侃侃而談，甚至每週兼差三份工，在澳洲很受歡迎的果汁店做飲品、在保養品專櫃打工、教琴、當中文保母、在珠寶品牌做短期打工，她們靠自己的力量累積人生經驗與資歷。

文中陳之華寫到同儕十多歲的孩子指責一位一直依賴父母的零用金、從沒打過工的華人女孩，我對此也同樣深深感受到強大的文化衝擊。原來，不是身爲父母要教會孩子自立，而是應該放手讓孩子跨出家門學習自立。

回想自己青春期滿懷著各種煩惱，像是交友、身材發育、與父母教養觀念衝突，相較於澳洲青春期孩子卻在街上思考著下一份打工，簡直是兩個交錯的平行時空，讓我深深反省著：我又怎麼教孩子自立？

如果時光可以倒流，你最希望自己能爲孩子們做些什麼？當我這樣問朋友群，台灣家長們爭相舉手說：我希望孩子早點學琴；我希望孩子從小學英語；我希望多帶孩子去旅行、多陪伴他們長大。但當我說我希望孩子準備好早點獨立、早點面對經濟壓力、早點學會理財時，眾人淨是驚訝與譴責、困惑與不解的表情，讓我感覺到台灣父母只想著如何對孩子們付出，卻少有讓孩子早點爲他人付出、爲自己負責的準備。

我相信，陳之華的新書《預習世代》會爲台灣教育現場投下震撼彈，更希望台灣家長們如你我，也能重新檢視孩子們的生活方式與自己的教養態度。愛孩子，還是害孩子?!疼愛孩子，也許是讓孩子軟弱無法獨立的濫觴。借鏡陳之華在澳洲教育現場直擊報導，你我應該想想下一步該爲孩子做些什麼，或者應該不做些什麼了！

推薦文

學會獨立自主，才是真正轉大人

彭菊仙◆知名親子作家

在大學時代的我，既不熱中社團活動，也不喜歡參與班上任何一個複雜的社交小圈圈，我往來的朋友只限於幾個和我個性頗為接近的純樸同學，四年的打工經驗也只擔任過一對一的家教老師，我永遠只需要用高高在上的姿態來面對學生的畢恭畢敬，也始終處在舒適安靜的環境裡，既不髒手，也無須流汗地賺取 easy money。

但是出社會之後我相當後悔，因為過去狹隘又單純的社交生活經驗，讓我一開始工作便適應不良，特別是我的第一份工作乃是需要頻繁地與人互動、需要具備靈活社交手腕的電視記者。

因為太單純，我常常被友台對手欺騙，也頻受老鳥欺負，我一肚子苦水卻如啞巴吃黃蓮，有苦說不清；因為世面見得太少，所以只要看到達官貴人滿座的場子，我便侷促不安、困窘笨拙；應對進退不得宜，處事技巧又不靈活，於是常常被上司指著鼻子痛罵，然後我便一個人躲進廁所痛哭流涕。出社會時的辛酸血淚史，至今仍歷歷在目。

所以當孩子慢慢長成青春少年時，我常常跟先生提起我的教育理念，我希望孩子不要重蹈我的覆轍。我希望他們最晚從大學階段就得踏出舒適圈，最好能有機會進入需要面對大量人群的服務業，學習與形形色色的人交手，磨練出勤快靈巧的身手、柔軟的身段，以及耐磨耐壓的韌性度，並且培養吃苦的性格。這些，幾乎是每一個行業都需具備的生存智慧與基礎能力。

有不少人會質疑，要挪出這麼多時間打工，那不是本末倒置，荒廢一個學生該有的主業——學習嗎？從《預習世代》作者陳之華兩個女兒緊湊的生活節奏，我反而看到了善於規畫、珍惜時間、講求做事效率的年輕榜樣。同時，我感受到兩個女孩絕對不只把打工視作賺取零用錢的卑微工作，而是把每一個機會當成歷練自己、開拓視野的墊腳石。因此，她們的工作一個勝過一個，能做的事情愈來愈多，能力愈來愈強，直到最後，我看到兩個獨當一面的成熟身影！

當我們無怨無悔想幫孩子湊足出國旅行、進修的費用時，這兩個女孩甚至理所當然地認爲自己的生活雜支，乃至於出國當交換學生的旅費、住宿費，都是自己的責任。

什麼是轉大人？絕對不是只有生理上的成熟！能在生活上、學習上，財務上獨立自主，才是真正的轉成大人！陳之華的女兒十八歲就能辦到，我們的孩子呢？我不由得疑惑起來。因此，我才讀完這本書稿，就已經忍不住推薦給身旁的親朋好友，爲什麼？如果我們期望孩子們能順利地從我們的羽翼下脫離、蛻變、展翅、飛騰，陳之華所記錄的這本女兒打工歷練過程，非常值得借鏡！

三天三夜也說不完的青春故事

第一次和遠流的總編、主編、企劃副理等見面喝茶，我原本以爲大概一個半小時、接近中午左右就結束，結果大家聊了將近三小時之久。

我邊聊邊發簡訊延後下一場約會的時間，那天緊接著還有兩場與工作有關的會面，而當天晚上，我得搭飛機返回澳洲。

三小時的會面中，我們話家常的東聊西談；我講了許多跟女兒們有關的生活和上學趣聞，也講了一些在澳洲的見聞與觀察。發現自己話匣子一開啓，說起某段、某時的點滴經歷與心得時，竟宛若止不住的江水，不斷地湧瀉而出；激動處，更猶如澎湃海浪。瞥見大夥兒聽得入神，我更有如神助般說得欲罷不休。

當聊到青春期孩子們的交友、學開車、尋求工作與學習的平衡自主性等等，原本專注聆聽的編輯夥伴們突然果斷認真卻又心有定見地直接切斷話題，對著我說：「之華，我們就來寫這個！就寫一本孩子轉大人的青春故事吧！」她們熱忱真切的語氣，令我真心難忘。

事隔一年多之後，我不大記得那天到底還聊了哪幾個故事，讓她們如此專注聆聽思考，也記不起我所述說的哪些細節，曾經讓大家這麼開心歡笑。唯一可以確定的是，自那次茶敘會面後的一年間，女兒們的青春課題依舊持續不斷地自然推進，她們的許多學習與工作發展、蛻變，就像每個人的青春日誌，完全不在大人的意料或掌握之中。

一年之中變化最大的，不在女兒們課業上的一直向外擴張，不在她們與異性朋友的交往，不在她們早已能獨自掌握駕駛車子，而是在她們打工的職場轉換，以及那些接踵而來的機緣與挑戰，完全超乎我們的料想，卻總有機會能共同面對的歷程。

光是小女兒一人，就在一年裡經歷了四份不同形式的工作洗禮，讓她從工作三年的餐飲服務業一舉跨足到服飾業與珠寶飾品業；隨後又身兼數職到大學當行政助理，以及當澳洲金髮小女孩的中文保母。

於是，我胸有成竹地想到，應該要將原本遠流編輯夥伴們的期許做一些順水推舟的調整，讓這本書一樣設定在原先的「轉大人的青春課題」，只不過課題的關懷角度除了一般廣爲熟悉的青春期課題之外，還能帶著不同跨文化的視角與南半球的澳洲在地經驗，所共同交織而成的青春體驗。

這課題，一向充滿著挑戰，無論哪一個社會、文化皆同，孩子們在轉換過程需要付出的，不只是辛勤努力與汗水，還包括各種挫折所帶來的傷感與淚水。從更爲廣義的角度來看，它一點都不亞於孩子們念書的辛苦，只是它之於我們傳統習以爲常的成長環境來說，並非大家所熟悉、甚至是有點陌生的轉大人歷程。

當我們的十五、六歲中學生，普遍需要一大早就出門上學直到傍晚下課，有時還有第八節課；好不容易放學離開校園，卻有不少孩子需趕赴補習與課輔加強。學校課業與考試，總是占滿了我們青春少年們的生活，而錙銖必較的成績與從未間斷過的考試，一再成爲多數青春生命記憶的一切。唯有在學習生活中成績表現中等或比較不足，或甚至早就打算走技術訓練途徑的學生，才有機會在較年輕時去接觸一下職場。

相對之下，不少同樣青春年歲的澳洲青少年卻從十四歲就開始找工作，十五、六歲一邊打工一邊讀書，他們在課業與工作之中不斷尋找平衡，在時間分配的課題上學習自主掌握；或許並不完美的平衡，或許無法時時刻刻精準掌控，但他們爲自己逐漸邁入成年的人生負責，還掙得自己的生活費與零用金，所以彎腰流汗從不顯得卑微，更未有亞洲與華人社會「唯有讀書高」心態下所擠壓出工作階層裡的莫名「自卑感」。這些身處於澳洲這個已開發國度的孩子們，反倒很理所當然、理直氣壯地認爲，這就是春風少年兄該有的一種「我的青春、我負責」的氣度，這樣的作爲是澳洲社會普遍理解、尊重的一種「轉大人」的歷程。

我曾經在《親子天下》的專欄寫過一篇〈如果，我們也能「準時」放學〉，文中寫道：「有時我想：若有一天，我們校園的鐘聲響起，老師準時下課放學，不知會出現怎樣的光景？附近商家多了許多青春面孔的中學服務生；公園裡多了許多稚齡孩子的笑聲；孩子上課時間短了，爸媽拚事業的時間也精簡了……整體社會的親子共享時間及氛圍，距離準時下課、下班的日子愈來愈近？一切的生活與學習，走向一種看似極爲平凡，卻在細微處彰顯出不凡。那時，大多數父母、老師或許才會舉雙手認同：原來，準時放學所帶來的收益，遠超乎我們的想像啊！」

我心底真心想到的，就是「附近商家多了許多青春面孔的中學服務生」，也是「一切的生活與學習，走向一種看似極爲平凡，卻在細微處彰顯出不凡」的這些場景啊。正是這樣的社會氛圍，得以讓學習回歸到學習，職場生活回歸到職場生活，兩者並行不悖、自然平衡，而青春也就回歸到得以自然遊走於學習、生活與職涯歷練之間。

於是，當我開始起草書寫這本書的初期，多次想起先前每當有人問起關於曾經旅居四年的西非生活經驗時，我總會打趣地回答：「喔，那些事情，我得要花上三天三夜才能說得完。」今年上半年，當我決定動筆寫下兩個女兒在澳洲青春期時的打工故事之際，我內心深處最大動力來源，莫過於同樣的想法：她們的這段打工青春故事，同樣也是三天三夜都說不完啊！

三天三夜，要講述累積了五年多的故事，或許還真是不夠。但我終將它寫下來了，故事雖仍然持續不斷地發展中，卻得先告一段落。這本書述說了兩個女兒中學階段開始的五年多打工經驗，因篇幅有限，所以未能描繪更多姊姊所接觸過的工作經驗，如參與過有酬勞的澳洲新音樂歌劇演出、澳洲現代新作曲家音樂演奏，以及攝影作品被澳洲一座古老城市的市立美術館收購爲永久館藏的交涉過程。至於她被邀請協助拍攝系列商品的攝影案（姊姊同事指名要她負責拍攝，欽點妹妹當模特兒）等等此起彼落的各式打工兼職經驗，都無法在這本書中一一敘述。

撰寫這份書稿時，姊姊已是大四下學期的學生，她的學生生活除了書裡提到的過往打工歷練外，二〇一七年七月從美國完成一學期的交換學習回來後不久，她再度投入工作，以打工賺取生活雜費與學習旅費。姊姊持續教授鋼琴，偶來幫妹妹代班當澳洲三歲小女孩的中文保母，同時應試新的工作機會，她開始在原本有機會於二〇一六年底工作的法國知名O牌護膚保養品專賣店打工，同時也進入P牌珠寶店當耶誕假期的短期員工。除此之外，大四的姊姊對未來充滿強烈的「危機感」，要求自己要能更廣闊、深入地接觸所學領域，她已積極規畫未來想要繼續專研領域中的磨練與認識。所以，每週都得固定花上幾小時去從事相關領域的志工工作，以及參與從事相關領域的實作與案件。

大女兒如此，大二的小女兒也一樣。幾年之間不同職場的生活歷練，逐漸讓她們學習掌握到時間的妥善分配，不論是在學業、工作、交友、課外活動、海外交換計畫等等皆然。

這是一本女兒們付出青春生命的轉大人故事，也是一段澳洲打工的青春日誌，這些充滿著酸甜苦辣的工作與生活經驗，猶如她們轉大人之前所必經與必修的許多堂生命課程。

寫於二〇一七年八月　澳洲坎培拉

預習世代

無懼未來的青春教養故事

推薦文 下一步應該不為孩子做什麼／Choyce 4
推薦文 學會獨立自主，才是真正轉大人／彭菊仙 6
自序 三天三夜也說不完的青春故事 8
前言 青春年少與職場工作 20

第一話 我十五歲，開始打工
I Started Working at 15

正妹也能當超商收銀員 28
打工，不是笨與不笨的問題 33
打造全新履歷再出發 37
十五歲，打工初體驗 41
參加龍舟隊是為了挖好冰淇淋 46
認真掃地的女兒 54
打工會影響課業嗎？ 58
辭職，因為看到當年的自己 63

第二話

從果汁店到珠寶店

From Making Juice to Selling Jewellery

到慈善商店當志工 70
沉寂三週後的另一段青春歷練 76
看你一直燙衣服，好可憐！ 81
意外的珠寶飾品店面試機會 88
戴自家品牌銀飾戒指上工 93
每份工作都要「自我投資」 97
第一天當班的大震撼 104
不要隨便辭職 110
沒有誠意的道歉 119
瘋狂聖誕銷售季 125

第三話

A Student Life with Casual Jobs

身兼數職的學生生活

兼差大學行政助理 132
努力工作，為的是更多的學習旅程 137
為什麼要讓孩子打工？ 146
不把女兒當「公主」養 150
十六歲的小學課後輔導老師 156
因緣際會教中文 163
來當鋼琴家教 168
家教不算是「工作」 171
開心成為巧克力店員工 177
就算旅行也要考察 183
孩子工作，爸媽興奮 189

第四話 中文保母大挑戰
The Challenges of Being a Mandarin Nanny

有趣的差事 198
戲劇化的每一天 202
不可以說自己胖 206
創意組合愛心項鍊 209

第五話 沒有工作是容易的
No Job is Easy

菜鳥不要挑工作 214
工作做到飆淚 219
不知變通、管理失控的店經理 224
工作中的課題 228
到生活風格禮品店代班 233
溫暖的生日賀禮 238
幫櫥窗模特穿搭衣服的即興面試 243

後記 搭上澳洲孩子轉大人的列車 249

這是一個相對幸福的世代，也是一個相對競爭的年代，
學歷貶值的速度如同通貨膨脹，當世界不斷趨向平坦，全球化的衝擊不斷到來，
幸福世代在尚未長成之際，早已面臨著比父母當年更棘峻的挑戰。

放眼望去，不難遇見和自己學歷相當的人才，如滔滔江河，多到不勝枚舉。
未來，不可能永遠一帆風順，人生道路上，多得是各式的挑戰與恐懼。
沒有真正所謂的「無懼」未來，只有持續不斷地鍛鍊與磨練自己的能耐。

能耐，來自四面八方，除本身專業外，能屈能伸、接受磨練、不畏挑戰、勇於學習，
將是幸福世代要做的更多準備與功課。
準備如同預習，為的是面對更多惶恐、懼怕的未來，讓自己多點「無懼」的能耐去迎向挑戰。
青春年少，有機會彎下腰、走入各式職場、面對不同事物、接受大小不一的磨練，
絕對是件好事。

這也是這世代，可以多接受的挑戰與準備，同時也是這本書裡的青春教養故事。

青春年少與職場工作

十多年前在北歐，我看到西方國家的孩子在半大不小的青春年少就現身於職場，他們都還是在學的學生。

離開芬蘭時，女兒們分別是五年級和七年級。七年級的大女兒，只差一學期升上八年級就有機會到職場見習，她當時早就開始夢想自己要去哪裡實習工作，無奈我們不久後就搬遷，讓她沒能趕上見習的機會（芬蘭當時的學校稱之爲「Work Practice」），就得打道回台灣了。

雖未能從孩子們身上實際見識到芬蘭中學生的見習實況，但我卻有機會訪視芬蘭幾處中學生的職場見習現場。當時好奇於何以北歐的八年級中學生，需要規畫出兩週時間，不用到學校上任何課、讀任何書，而讓他們分別前往自己感興趣的職場去學習工作。

這是爲了讓青少年孩子們在基礎教育階段，就能真實地去體驗和認識各行各業，學校因而暫停所有的國英數理化，讓所有無論是資優或非資優的學生，不論將來是想要當職業技工或只是想一心一意上建中或北一女的孩子，在國中階段以兩週的上課時間，離開學校直接到社會和職場第一線，去體認一門真正的「教育與職業」輔導課程。

踏實的規畫讓孩子們在青春時期就接觸實際的職場，未將職場與課業涇渭分明地區隔，未將「不會讀書」的劃入只能走職訓路線，同時將所謂學業優異的學生放到現實的職場上體會一番，讓所有孩子都從這堂見習課中，對所謂的各行各業有粗淺的認識與理解。

青春期孩子的生活不只有課業與社團

六年前，我們全家搬抵澳洲不到兩個月，房舍家具都尚未完全安頓好之際，當時十六歲就讀十一年級的大女兒，就已經吵著要去申請職場見習。見習不到三天，工作單位就主動想要長期雇用她。同一年裡，十四歲的小女兒在學期近尾聲時，有天下課就吵著要跟澳洲同學一起到附近社區的店家投遞履歷，大家結伴積極地去尋找打工機會。

原來，世界之大，差異甚多，不論是北歐或澳洲，這些西方先進國家青春期孩子們的在學生涯，並不是只有考試再考試、讀書再讀書，他們的日常生活除了學校課業、課外活動和各式社團之外，還有著相當不同卻多彩豐富、具職場實戰、很踏實社會化的學習與生活經歷。

如何兼顧職場與課業，如何在學習與工作間求取平衡，成了不少年輕孩子的另類成長模式，這或許一時三刻間無法直接援引、套用在台灣中學生的孩子身上。但這些國家行之多年、家長和老師普遍鼓勵協助的青春教育思維，卻有機會讓我們看到，一個青春生命在成長過程中接受多元歷練的可能性，以及孩子在自我平衡念書、考試與工作職場多重壓力下的潛能，使得學習與工作不是非得要做截然不同時段的分野，也不盡然要「嚴禁」兩者只能分階段進行。

在澳洲，孩子們在青春階段，就能很自然自在地去尋覓、體驗一份打工機會，實際接觸職場點滴，對青春期的成長而言，絕對是有助益的。青春階段能夠從事何種工作，其實並不重要，最重要的是，孩子能否像任何一個成年人一樣去維持這份工作，也就是能否準時到班、能否勝任、能否依照管理者的指令展現出執行能力等等。

讓打工成為青春學習與成長的過程

二〇一六年澳洲一份研究報告指出，十五至十九歲（未進入大學或技術學院之前）的中學生，有超過三成的比例受雇於正式的職場從事打工，而在二〇一六年十二月份的暑假期間，更有近四成的十五至十九歲孩子在打工。以十五歲的孩子來說，在一九六六年時，正式於職場打工的比例是一成（十％），但到了千禧年（二〇〇一年），反而成長到將近四成的人數。

澳洲各地不僅有青春時期從事工作的網站，還有各種形式的學生工作網，與學生家長和老師職員共同分享著孩子該如何平衡學業與工作，如何從日常工作中找到自信、獨立、友誼與技能，更分享如何能一邊工作又不影響學業、成績等等。澳洲各州政府的官網上，也詳載打工法規與說明各類型工作的時數與相關職場規範等等。

就連澳洲的大型銀行網站上，都有著「青少年找工作技巧」（Tips for teens looking for a job）的指導建議，不論你是想找週末的打工機會，還是只要尋找短暫的暑期工作，這些民間機構都分享了如何寫履歷、如何找第一份工作等基本技巧。

然後，這些銀行還會跟你說，恭喜你找到了第一份工作，建議你慎重開設一個銀行帳戶。接著就是教導你如何申請稅務帳號、如何看懂職場開立的打工薪資單等等。

將「打工」直接納入孩子們的青春學習與成長，是亞洲社會較罕見的文化現象，或甚至是亞洲父母們一時間較難以想見或接受的概念。許多亞洲國家的傳統觀念中，總以爲只有窮苦孩子才「需要」去打工，過往的眾多經驗值所傳遞出來的印象，甚至新聞報章一再給人們的訊息看法，總把打工看作無奈、貧困、低下、可憐，只會浪費寶貴的學習時間。

難怪職業的劃分在亞洲社會一直有著如此巨大的「貴」、「賤」分野與認知鴻溝，難怪父母們不願將孩子置放在各種勞苦辛勤的現實工作環境裡歷練，也難怪薪資的保障始終未能思考到運用零散時間打工的人們與青少年學生族群。

其實，青春生命除了只能被要求刻苦閉門讀書之外，還有生活前景與人生視野的培養，因而需要更多開闊、多元的職場與工作體驗。這雖是一種不同於我們所熟悉的成長責任，以及讓孩子順利從學生「轉大人」的生活與學習選項，但絕對是一個可以讓孩子們透過實作去發掘學校課堂以外的世界，以及從工作之中發掘自我潛力的絕佳機會。

◆姊妹倆同時在法國知名保養品專賣店打工，圖中兩人正在櫃檯結帳。

Q 打工和近年來西方國家盛行的 Gap Year 有何差別？

A 「Gap Year」（空檔年）與打工的最大差別，就在於空檔年是一時的選項，它是在高中畢業升大學前，或大學畢業前後的工作就業之前，所運用的一次為期一至兩年不等的空檔機會。這段期間，年輕人可以自行決定去旅行、當義工、工作或思考未來，讓這段時間成為一個「緩衝期」來接觸不同事物或看世界的機會。因此，它和學業期之間的學習生活是截然分離的，但打工則是和念書同步進行。就時間點來說，打工是一項就學期間的長期選擇，可以從十五歲一路打工到研究所或甚至畢業之後；而「空檔年」則主要是以離開學校休息一整個學年為主。

我曾在澳洲報章的旅遊版，也看到了鼓勵中年人找一段空檔年，建議可以放下手邊工作休息一陣，或者就去旅行，給自己一段真正的空檔。

在澳洲，十五至十九歲（未升大學之前）的中學生打工人數，遠勝於高中畢業後選擇「空檔年」的人數。澳洲一份研究報告指出，約有近四成的中學生去打工，而大概一成五的學生在高中畢業後會選擇「空檔年」。因此所謂的空檔，不是一種跟著他人盲目去做的流行、一窩蜂式決定，而是依照個人自身的需求所訂出來的休息與轉換時期。

以下是澳洲維多利亞州政府官網上所講述「我為何需要空檔年？」：

● 你並未進入原先想要就讀的科系，希望年底能重新申請不同的學門；

● 你想在學習過程中獲得一段緩衝與休息；

● 你想要獲得更多的技術與經驗，來幫助你往後想要申請就讀的課程；

● 你想要在進入大學或技術學院（TAFE）之前賺取一筆資金；

所以打工與空檔年看似相近，卻有著概念上的不同，國內對於空檔年的認識與報導較多，對於青春期學生打工的構想與經驗則相對較陌生。

第一話

我十五歲，開始打工

I started working at 15

正妹也能當超商收銀員

教養觀察

父母不該完全支付孩子們一路念到二十七、八甚至三十幾歲的所有費用，把青春生命圈養在「象牙塔」裡，造成孩子們眼中只見書本與考試，而從未實際去思考那些經費、資金打從何方來。

因爲先生工作調動關係，小女兒是在台灣八年級時和我們一起搬來澳洲；位處南半球的澳洲，學年起始日與北半球不同，所以來到澳洲，學校建議妹妹直接跳半年就讀九年級。

澳洲十四、五歲的九年級中學生在校生活大多很正常，準時上下課，課業壓力不大，因爲尚未進入升學大考壓力的十一、十二年級。這個階段的澳洲中學生除忙於平日課業與課外活動外，沒有升學壓力，也沒有亞洲教育裡每日疲於奔命的大小考試和作業，反而有許多可以自行發揮、分配、運用的時間。

澳洲社會把中學生打工視爲習以爲常之事；或許半大不小的十五到十七歲中學生出去打

工，對於亞裔、華裔家庭的接受度可能不高，也相對比較陌生。亞裔父母普遍不希望孩子太辛苦，他們擔心工作會影響課業，同時對於職業類別多帶有階級性的先入為主觀念，加上許多亞裔家長的成長背景，或許缺乏健康與健全的工作文化，所以對於打工這檔事容易排斥，也多不鼓勵。但是，澳洲當地家庭和青少年普遍認為，打工，就是一件很稀鬆平常的事情。

澳洲各州政府並沒有嚴格限制學齡期間的青少年，應該從幾歲開始才能正式工作，有些州如首都特區、維多利亞州、西澳州等列出的年限是十五歲以上，昆士蘭州則是十三歲。倘若孩子年齡未達一定年限，他們所能從事的工作內容及場所就會有相當的規範與限制，譬如只能在自家經營的店裡工作，或從事表演藝術娛樂性質工作，或不能於某些時段工作，或有一定時數的工作限制等等。對於青少年打工，澳洲各州都有明定法令的規範及保護，規定每隔幾小時一定要休息等；同時，在未達特定年齡前，父母得簽署一份同意孩子工作的書面文件，雇主才能正式雇用，孩子也才能開始工作。

如果台灣超商出現正妹收銀員

我們澳洲住家附近的農產市集裡，常常可見到生鮮肉品店、新鮮蔬果店、麵包糕餅店、起士燻肉店，以及附近商圈的潮咖啡店、速食店、快餐店、餐廳等等，都有不少當地社區裡的國、高中學生身影。這些十五至十八歲的青少年在下課後，或運用週末假期，或利用寒暑假，以兼職或臨時雇用方式四處打工，無論男女生都希望在學校課業之外，爲自己儲備多一點「轉大人」的預備能量，與生活花費需要的資本。

一回，我到坎培拉市中心購物商場裡的大型連鎖超市買菜，很驚訝地看到一位身高近一百八十公分的年輕美女收銀員，身旁的小女兒稀鬆平常地告訴我說：「媽咪，這是我高中同屆同學啦！」

「哇，好高喔，有模特兒的架勢，真是個大美人，這要是在台灣啊……」我側身悄悄對妹妹說。

「各家新聞媒體就來報導啦：哇——正妹，正妹，正妹高中生！魔鬼身材，天使臉蛋，十足名模架勢，竟在連鎖超市打工當收銀員！……哇塞，記者現在帶您來到超市現場，直接訪問這位正妹。請問你怎麼會『淪落』到超級市場打工？……你是家道中落？還是有什麼難言之隱?!」妹妹俏皮地說出一大串國內新聞台常見的播報詞句來。

當下，我腦海裡也不自禁浮現出一堆新聞標題：一個「正妹收銀員」；一個「正妹高材生」；一個「滿級生在端盤子」；一個「明星高中資優生在咖啡廳拖地」；一個「國立X大學生在市場打工賣菜」；一個「北X女學生在果汁店切草莓」。一個接著一個，聳動誇張又離譜的形容詞語，在刻意或不經意間，將孩子們的學習和生活以兩極化落差方式逐一歸類、物化。

無形之中，我們社會已經形塑、凸顯出一種極爲詭異的社會價值觀，既把學生生活與孩子們日後可能面對的就業現實加以「涇渭分明」地對立，完全藐視孩子們在追求獨立生活之時，應該試著從最根本、最應該靠自己腳踏實地去工作掙錢，來了解生活真實層面的可貴與價值。

在先進、已開發國家的澳洲，普遍認爲孩子長成爲一個獨立個體前，這些自主的打工行爲，原本就是生命成長中的必經歷程。

讓青春年少走出舒適圈

適當時候，讓青春生命學習離開舒適圈走出去，從社會基層的各項工作做起，爲自己掙一份尊嚴、也賺取部分生活費用；青春期的孩子不再只被要求一直、一路念書，不應該只養成茶來張口、飯來伸手的媽寶，不需負擔、不需了解體會一丁點的社會現實與生活責任。

再正的妹，也能當收銀員；再聰明、學業成績再好的孩子，也能在打工處抹桌擦地。父母不該完全支付孩子們一路念到二十七、八甚至三十幾歲的所有費用，把青春生命圈養在「象牙塔」裡，造成孩子們眼中只見書本與考試，而從未實際去思考那些經費、資金打從何方來。

最後，這些沒流過汗水的生命，竟一路學著父母一起去鄙視、看輕那些許許多多在社會從事基層工作、很努力腳踏實地討生活的人。

◆小女兒的中學同屆同學，當時這位十年級男生已在澳洲著名連鎖超級市場裡打工。

打工，不是笨與不笨的問題

教養觀察

打過工、做過事的孩子，很自然地會從自己所付出的生命經驗值和掙得的實際工資當中，學習到「量力而為、量入為出」的珍貴課題。

澳洲年輕人，從某個角度來說，相對辛苦，許多青少年從中學起就開始賺取自己的生活費、零用錢，許多大學生更是自籌生活雜費、旅費，甚至學費，而許多澳洲青少年一旦取得駕照，就會靠著自己打工賺的錢，支付所購買的中古二手車費用或貸款。

積極謀求自立、更早了解自身能耐，一路上，雖然總不斷地跌跌撞撞，總出現層出不窮的問題，但這是所有生命的課題，不會因為生長於何方而有所不同。唯一不同的是，應該何時開始離開舒適圈，明瞭現實生活的大不易。

沒錢就該自己打工來賺

澳洲孩子多數沒有「直升機」可搭，多數無法一路上不食人間煙火地「念上去」，不論是再帥的哥、再正的妹、再厲害的滿級生，普遍可見他們的青春身影在住家、學校附近或城中心的超商、餐廳、咖啡館、冰淇淋店打工，務實地捲起袖子，為自己掙得生活費和零用錢。

社會從未冠上「不誤正業」的大帽子，從未指責孩子浪費「寶貴的學習時間」，更不會丟出一句「打工笨死了」，抹煞掉這些澳洲年輕生命願意彎下腰、放下大人們設定的身段「框架」去踏實體認生活的心境，這或許得感謝整體社會普遍認同打工的價值觀，以及政府法令、合理薪資、員工保障等等都夠齊備。

琳達是大女兒高中最要好的同學之一，高中畢業後，她們一起上了同一所大學，琳達主修國家發展，偶爾她們幾位高中要好同學會抽空聚一聚。一回，我家先生正好順道開車載大女兒和她的三位高中同學一程。孩子們當時在車上聊得很開心，突然間，後座的一位男同學竟開始面帶嚴肅地「數落」起琳達：「你都這麼大了，竟然只會一天到晚喊沒錢、沒錢、沒錢！（澳洲和亞裔混血的琳達，當時的生活費全由爸媽提供。）與其喊沒錢，卻又不願意走出去靠自己打工賺錢。你，就一個有手有腳的健全人來說，我不明白你的理由是什麼？你實在太沒有志氣了，身為你的高中同學，我真為你感到深深的抱歉！」

琳達被男同學突如其來的嚴厲指責，當場哭了起來。坐在車上已打工一年半載的大女兒和另一位跟我們家妹妹一樣十五歲就開始打工的同學潔辛塔，一句話都不敢多答腔，深怕會再度刺激琳達。

打工學會的課題

潔辛塔也是大女兒高中最要好的同學，她、琳達和大女兒三人在高中畢業後，因爲都就讀同一所大學，所以還不時相約出去聚聚。幾次她們在市中心商場逛，看到一件衣服，有打工的大女兒和潔辛塔都覺得貴了點，決定再隨便走逛；偶爾她倆又看到其他東西，還是不大滿意，覺得價錢可以再便宜一點。

此時，從未打過工的琳達突然說了：「你們倆不是都有在賺錢嗎？爲什麼還一直覺得東西很貴呢？」

大女兒和潔辛塔看著她說：「就是因爲我們有工作、有賺錢，所以才會買不下去呀！」

原來，孩子們自己辛辛苦苦走過掙錢之路後，用錢的觀念顯然起了根本變化；沒工作過的人，似乎覺得錢來得容易，雖然不見得一定天真以爲從天上掉下來，但確實比較不能體會工作與掙錢的辛苦。

打過工、做過事的孩子，很自然地會去換算工資和商品價格，當下會以「值不值得」的眼光去思考：這我要做上幾個小時才買得下去？這東西真有那麼喜歡而非買不可嗎？他們很自然地從自己所付出的生命經驗值和掙得的實際工資當中，學習到「量力而爲、量入爲出」的珍貴課題。

◆大女兒曾在坎培拉湖北邊布萊登商圈的服飾店工作。

打造全新履歷再出發

教養觀察

很多時候，尋找工作就是一種機緣，自己想要抓住它時，卻苦無機會；而很多需要人手的打工機會，真正的工作狀況也得實際腳踏實做了，才知其辛勞，以及自己是否真正喜歡或能否適應良好。

搬來澳洲第一年，有一天，當時十四歲的小女兒決定跟澳洲同學一起到學校附近的商圈去投遞履歷表。她們幾位青春卻還有些青澀的中學女生，就這麼拿著自己的一疊履歷前往感興趣的店家一一投遞。

尋找打工機會其實有諸多方式，例如直接走進自己喜愛的店家投遞是一種，透過店家的網路通訊去投遞也是一種，透過同學、親友引介也可以，或甚至是剛好逛到某一個工作場域被店經理看到，而主動詢問是否也有興趣來店裡幫忙。很多時候，尋找工作就是一種機緣，自己想要抓住它時卻苦無機會；而很多需要人手的打工機會，真正的工作狀況也得實際腳踏實地做了，才知其辛勞，以及自己是否真正喜歡或能否適應良好。

A

B

A ◦ 坎培拉市南邊社區的商區，妹妹十四歲就和同學們拿著履歷在這商圈附近的店家投遞求職。

B ◦ 姊妹倆打工多年的購物中心，這是坎培拉市最大的購物商場。

不是每個孩子都會對直接進入店家投遞感到怡然自得、自由自在，畢竟有些孩子生性羞澀、膽子不大。對他們來說，這樣直接找店家投遞，總有一種難以突破的心理障礙，挑戰著自己那好強卻又帶點脆弱的自尊心，讓自己去承擔可能會被他人直接拒絕的憂慮。因此，要他們邁開那一步並不容易，那可是充滿著無比的恐懼感。

相對之下，本身個性就較活潑、開朗、不怕生的孩子們，反而具有不怕跨越邁出的先天優勢。

小女兒的個性正好介於中間，她不是不怕、不害羞，但也絕不是個膽大包天的人；她非常樂於傾聽自己的內心鼓聲，也是一個很有自尊心與好強的孩子。來到澳洲不久後，她知道這裡有許多同年齡中學生開始打工，顧店面、端盤子、收銀櫃檯站幾小時，掙自己的生活零用錢，她就二話不說也要付諸行動。

愈挫愈勇的求職精神

她準備了履歷表，一旦達到澳洲首都特區坎培拉規範的打工年齡後，就迫不及待要出去找工作，一心想要和澳洲同學一樣，做個勇於承擔的小大人。

那年，她十四歲，和幾位中學同學一起去投遞了履歷，很不幸地，全都石沉大海。幾個月後，有一回，我看她坐在電腦前好久好久，不知在研究啥、寫些什麼東西，然後又搬著筆電到我書房來接上印表機列印，當下我才發現，原來她在網路上研究如何寫出好履歷。

小女兒在歷經投遞履歷近半年來音訊全無之後，她既沒絕望也沒放棄，竟然自動自發地想到要重新檢視自己原來那份履歷表的格式、內容；她想以全新的履歷面貌再出發，再接再厲地重製履歷，好再度跨出求職的第一步。

當時，她才剛滿十五歲。果不其然，這份更新後的履歷再度投遞之後不久，小女兒收到了第一個面試通知！

十五歲，打工初體驗

教養觀察

自以為是的陪伴，無疑賞了孩子一個大巴掌，將他的尊嚴直接掃在地上，讓他在面試者前成了十足的「媽寶」，連一點即將上工、獨當一面的能力都沒有，店家又怎會有信心錄用？當孩子連面對職場第一步都沒能真正跨出，他們又還能成就什麼呢？

那是澳洲一家非常知名的國際連鎖B新鮮果汁店，妹妹被通知要去面試的分店，是在坎培拉市中心的購物商場裡面。面試那天，十年級的妹妹下課後，我開車載著她直接從學校來到購物商場；在車上，我跟她分享一些需要注意安全之類的事項，譬如要先觀察了解面試場所的環境，感覺一下是否安全等等。

可以陪，但要離得遠遠的

「媽媽停好車後，會跟你一起去看一下。」當時我說。

她竟然瞄了我一眼，一副超怕我真想跟著她去面試一樣，然後她說了：「可以，但只能離得遠遠的。」

「這不是廢話嗎？」我困惑地問也繼續說，「媽咪什麼場面沒見過，識相、識大體絕對有。我當然得去看看，看你去面試的空間位於何處？B果汁店當時在商場二樓挑高明亮的熱鬧區中央，它既沒有私密的空間，也沒會議室，但媽咪要確認是這店家找你，畢竟你才十五歲，我可是你的法定監護人，你要工作，媽咪還得簽署一份同意書呢！你放心，我只會從遠處觀望面試的經理爲何許人也。再怎麼樣，媽咪就只會從旁就近觀察而已啦！」

十五歲女生，台灣國三（九年級）的年齡，來南半球的澳洲只因多跳了半年的學級，搖身成了十年級生。明明就是半大不小，她卻一副自認是小大人的模樣。講句實在話，誰又能小看一個青春期的孩子?!多少青少年會自認是小不點?!哪個十七、八歲的青春少年兒，不想快速長大成爲一個真正的成人啊?!

我要是真的很無腦的，就這樣黏著我家妹妹一起去面試，她鐵定會覺得我超級機車，因爲要去工作面試還牽拖著老媽，這會讓她感到……何等丟臉啊！

自以爲是地陪著她，無疑賞了她一個大巴掌，將她的尊嚴直接掃在地上，讓她在面試者前成了十足的「媽寶」，連一點即將上工、獨當一面的能力都沒有，那店家怎會有信心錄用她？當孩子連面對職場第一步都沒能真正跨出，他們又還能成就什麼呢？

終於獲得試用機會

小女兒的面試，是在商場中B果汁店鄰近走道的沙發區進行。我靜靜地假裝成路人甲，若無其事地經過看了一下，一切似乎都很OK，我也放心地讓她完成人生第一次的職場面試。

小女兒順利通過了市中心B果汁店經營者和經理的共同面試，獲得一個trial（試用）的機會。果汁店沒有真正的先期培訓課程，而是直接臨場邊做邊學，以及回家自行登錄其官網，在網站上做線上員工培訓；新手必須自己找時間將網站上的各種培訓基本介紹與知識課程做完，其他的，則陸續在當班時從做中學起。

開始試用的第一天，妹妹就是站在店員側旁，一邊仔細觀看、一邊視情況當幫手；那是個週五傍晚，她就站在開放式店面的流理台前，不斷地沖刷各類果汁與優格的攪拌器皿機器，一點一滴卻又要眼明手快地把後勤支援工作做好。妹妹後來回憶說：「那幾個小時就是一直洗東西，因爲不熟悉，所以感覺自己動作慢得很，根本跟不上果汁店員工的快節奏動作。」

當時念中學的小女兒總是利用週五晚上及週日下午打工，一週大概兩回吧，每次時間就是幾個小時。慢慢地，她逐漸熟練、上手，也逐步讓自己在一定時間內，成爲動作敏捷、可以讓經理信賴的員工。五花八門、配料多樣化的各式客製果汁，以及店內各樣前台、後勤工作等，最後都難不倒她，週末打工也成爲她平日上學、每日用功念書的一種空間與心境轉換。

對自己的要求

這家全澳知名的B連鎖果汁店生意非常好，新鮮果汁混攪的飲料現場製作，依照不同的客製需求，所做出的新鮮蔬果飲料標榜著健康活力。我們每次行經購物商場的中心區域，總見B果汁店前擠滿了排隊點飲料和等候飲料製作完成的人潮，各個員工忙得連喘口氣的時間也沒有。

小女兒在果汁店打工的時期，每每有朋友經過店面，總會偷瞄妹妹兩下，或是排個隊去跟妹妹買杯果汁，或就是簡單地跟妹妹打個招呼。然後，每個朋友都會告訴我們：「她做事怎麼這麼認真啊？一直忙個不停！」

甚至幾次，爸爸的同事一家在她面前晃來晃去兩三回，她竟然忙到都沒看到他們。一次，先生的另一位同事正好帶著來訪的友人經過店面，同事跟他朋友說：「這就是某某的女兒。」他們見忙碌不堪的妹妹忙得團團轉，連頭都沒空抬起，就脫口說出了句：「這真不是人幹的！」

其實，工作與行事風格認真投入的小女兒，在果汁店做了將近三年，每次下班後，她多半累癱了，甚至連一句話也懶得講。但自主獨立性一向頗高的她很少真的叫苦連天，或選擇要半途而廢辭職，她對自己總有一定的要求標準，而這樣的態度不僅適用於她的課業，現在竟也能從她在外面打工中看出一點端倪。

◆十五歲就開始在果汁店工作的妹妹。

參加龍舟隊
是為了挖好冰淇淋

教養觀察

如果說，學校是一個從容學習的場域，家裡是一個安全舒適的堡壘，那工作應該就是一個最無法逃避、實地實作的戰場。

小女兒每次工作時，都是有模有樣、認真負責、不投機取巧，打從她還是B連鎖果汁店的小菜鳥開始，就是這副模樣。每一回，只要經過坎培拉市中心購物商場的果汁店，我就想偷瞄正在工作的妹妹；我總會看她看得出神，很驚訝地想問一聲：「爲什麼一個十五歲的孩子做起事來，也可以這麼的有模有樣？」

她低頭洗刷果汁機具、攪拌果汁飲料時認真嚴肅，抬頭面對客人就收起嚴肅神情，轉以誠懇的微笑，站在櫃檯後手腳伶俐地點餐、收銀等，凡是工作流程與服務客戶整套流程中的鉅細靡遺、應對進退，她一點都不含糊，絕不遜於工作多年的成人。

第一次在果汁店看到穿上制服和戴上店家頭巾的妹妹，當下突然讓我覺得，原本還是小女生的她，在剎那之間，長大了許多許多；工作中，她不再只是十五歲的少女，而是一個可以一起承擔店鋪經營好壞成果的工作小夥伴。

職場是實地實作的戰場

一般孩子上學時，假若突然間精神不佳，或許還可稍微恍神；在家做事或讀書累了，總可偷個小懶，坐在沙發上滑手機或看電視發呆一下；可是一旦上了工，進門點餐的顧客通常不會管你是不是學生、是不是十四、五歲還是二十歲的員工，他們一付了錢，就是要獲得應有的餐點，沒有施以憐憫、寬容的義務，沒有所謂的差不多，沒有所謂的沒辦法，人在職場，就是要直接、無所遁逃地面對一切！

如果說，學校是一個從容學習的場域，家裡是一個安全舒適的堡壘，那工作應該就是一個最無法逃避、實地實作的戰場。

雖然有人會在戰場上想要打混摸魚、恍神馬虎，甚至來個一問三不知，凡事推給同伴去處理，但像妹妹這類選擇自己志願上「戰場」的孩子，從小自尊自愛，對職場歷練總是抱有強烈使命感的人，是不允許自己糊里糊塗，不允許自己成爲別人的笑柄，甚至不希望讓別人覺得自己不夠專業。有趣的是，他們甚至不希望人家覺得他們年紀很小，無法承擔責任。

不給自己任何藉口，希望做起事來有模有樣，在經理和同事面前以「實作、能做」爲自己樹立起好不容易掙來的職場口碑，這是我從當年十五歲妹妹身上，看到的一種面對自己人生選擇的態度與精神。

第二份工作的面試

B果汁店的工作在小女兒試用期結束後，也就是正式開始雇用她不久，妹妹突然又收到一家義大利冰淇淋店G的面試通知。這家位於坎培拉市南區的知名連鎖冰淇淋咖啡店，是她十四歲、曾經和同學一起去投遞履歷時最早一批投遞的，也是第一次和同學鼓起勇氣走出去「掃街」的店家。

妹妹收到G的面試通知時，著急地問我該怎麼辦。她說：「我已經在B果汁店上班了。」

我說：「沒問題啊，你就去試試吧！」

「履歷隔了這麼久之後還能有回應，是很難得的機會，就當是一次緣分吧。而且，幾個月後就是南半球的暑假，如果真的被這家冰淇淋店錄取，屆時我們再一起來看如何調整工作與時間。」我繼續跟不知如何是好的妹妹如此建議著，她也點頭同意。

妹妹就這麼去面試了第二份工作。她的第一次面試是B果汁店，面試的方式是二對一，兩位店面主管輪流問話、詢答，而且是經營坎培拉市幾家連鎖店的大老闆和分店經理來進行。然而，G義大利冰淇淋咖啡店的面試，卻採用了應徵者分成群組的面試（Group Interview）；當天有將近十來位應試者，除了先進行填寫問答資料、個別應對談話之外，還有分組進行團隊合作因應狀況、玩遊戲等。

妹妹面試之後回家告訴我們說，當時有個從亞洲來度假打工的成年女生，在群組面試期間的問答中，正巧遇上幾個聽不太懂的英文字，便向妹妹求助，比方說introvert（個性內向）等字詞，隨後她問妹妹是不是大學生，十五歲妹妹羞澀地說：「不是，我只是一個高中生。」

小女兒雖然有一百六十多公分，但她的身型和多數澳洲同學相較之下算是嬌小玲瓏呢，她講話輕聲細語、個性柔和，屬於較低調、不愛隨意亂出風頭的孩子。她去冰淇淋店面試那天正好是週六，我和先生開車帶她去，整場面試期間，我們坐在店家隔壁的麥當勞裡面等待。可是等了許久，竟然還不見妹妹出現，我就走出麥當勞到外面的行人徒步區「偷窺」了一下冰淇淋店，才發現，哇，一個多小時，幾乎所有面試者都還在裡面進行群組面試啊。

冰淇淋店的員工培訓

一週後，小女兒收到了G冰淇淋店的錄取通知！

這家義大利冰淇淋咖啡店的試用期和訓練方式，與B果汁店直接上工的「做中學」概念截然不同。冰淇淋店採取長達一個月的先期員工訓練，每次培訓有時一、兩個小時，有時兩、三小時，從如何挖冰淇淋到認識Gelato（義大利冰淇淋）的各式口味和樣式、如何真正動手製作義大利冰淇淋，一直到整個店家的點餐、收銀、結帳、打掃、咖啡桌椅擺設、店外桌椅的搬進搬出等等，最後還得學泡咖啡，泡出那種要高速蒸氣沖泡並帶拉花的咖啡！

相較於B果汁店的直接上場應戰，冰淇淋店的訓練給了小女兒長達一個多月的自我準備緩衝時間。B果汁店位在市中心購物商圈最佳位置，總是人潮川流不息，少有可以停歇偷閒的機會，多數時候就像是「戰場」；而位於坎培拉南邊知名曼努卡（Manuka）商圈的G義大利冰淇淋店，就多了幾分社區型態店面的溫暖、優閒氛圍。

果汁店的多數果汁飲品是一個接一個依據客戶的要求現打現做，義大利冰淇淋店則是由員工分別在二十四小時內製作好，一桶一桶的冰淇淋擺放在櫥窗裡，雖然需要隨時更新、補充，但不用時時刻刻備戰，也比較不會忙得團團轉。只是小女兒一直覺得，冰淇淋店的最大挑戰，莫過於該如何練出一手輕輕鬆鬆挖出一球球漂亮義大利冰淇淋的技能。

「外行」的我，從不知挖個冰淇淋竟也要練上一手三兩三的手腕功夫，心血來潮偶爾吃個冰淇淋，了不起就是開心享受。但在冰淇淋店工作，一下子湧進來一群人，一下子來了三個家庭，大人小孩忽而要嚐嚐這口味，忽而要點這個、要加那個，忽而要用現金或信用卡付錢，沒有一點眼觀四面、耳聽八方、面面俱到又常保微笑的能耐，上門點餐或排隊等待的客戶們鐵定要發牢騷，甚至掉頭而去。

為了挖好冰淇淋，決定練臂力

小女兒爲了讓自己能更有力道、更爲俐落地挖出一勺勺冰淇淋，看似瘦弱的她決定要去練自己的臂力。有一天她告訴我：「媽媽，我要去參加學校的龍舟隊！」

我一下愣住了，問著小女兒：「幹嘛突然想參加龍舟隊?!」

她很認真地說：「我要去練臂力！」

「什麼?!」我差點從椅子上摔下來，這位小女生的思維，好……奇特，又好……跳躍呢。

但身爲睿智媽媽的我，立馬鼓勵說：「好啊，好啊！那，龍舟隊在哪裡練啊？」

獨立又認真的她，真的就這麼去參加了高中的龍舟隊好一陣子。第一次報到的週六上午，當教練知道她學音樂，就請她先當龍舟頭上的鼓手，負責幫全隊划槳打出穩穩的節奏感。後來，每週三傍晚實際成爲划槳隊員，練習真正的團隊操舟。十一年級的上下學期之間，她就在橫亙坎培拉市中央的伯利．格里芬湖（Lake Burley Griffin）邊，參與學校龍舟隊的競技練習與比賽，持續了將近一學年之久。

每每想起小女兒這段「練臂力」的龍舟隊經驗，都不禁莞爾一笑。原來，有心人去從事任何一份工作，會想到它所要求具備的基本能力，也會想要在自我掌握的工作技巧和體力上能夠駕輕就熟、努力勝任。

十五歲的妹妹在義大利冰淇淋店招呼客人。

當然，一定會有人選擇消極混日子或無動於衷，也會有人雖想跟進，卻動不起來在原地踏步。十五歲的小女兒，在順利挖好冰淇淋的前提下，選擇提升臂力、參加體力耗損頗大卻能增進體能的划龍舟；她的積極面對、有效改善缺失、期許不斷提升自我的能耐，倒是意外帶給了我一個驚喜與思考方向。

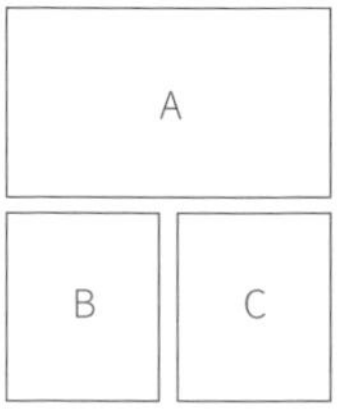

A ◆ 為了能夠挖出一球球漂亮的冰淇淋，妹妹積極參與高中龍舟隊以鍛鍊自己的臂力。
B ◆ 十五歲時的妹妹在義大利冰淇淋店晚間打烊前，到庫房拿取隔日要用的材料和貨品並整裡堆架。
C ◆ 當時妹妹常常在週六晚上負責義大利冰淇淋店的打掃、收拾、結帳及關店等工作。

認真掃地的女兒

教養觀察

孩子想要出去打工，願意腳踏實地把工作做好，以一貫認真、負責的態度，在在證明了任何一個青春生命的潛能。學習吃點苦，磨點性情，適度接觸真實社會裡多樣的人事物，絕對會成為自己在「轉大人」中最真實的磨練。

在服務業工作，絕對是辛苦的；或者應該這樣說，只要你認真工作，世上哪一份工作不辛苦？付出精神和體力的形式或有不同，有些工作體力付出得多，有些是腦力付出得多。但餐飲相關的服務業，箇中辛勤就在於員工把事情做好，永遠是應該的，做不好或動作慢，就等著客戶的抱怨、經理的指責。

「機車」、「奧客」型的買家少不了，沒事想來亂的客戶當然也有，小女兒幾個小時工作下來，除了身體疲憊外，還多少累積了些許怨氣。但我對她願意持續下去則非常支持，也經常鼓勵、打氣。

「轉大人」過程中最真實的磨練

孩子想要出去打工，願意腳踏實地把工作做好，以一貫認真、負責的態度處事，在在證明了任何一個青春生命的潛能。在這生命階段願意靠自己的身體力行，流些汗水、花點青春，獲取職場歷練、部分生活收入；學習吃點苦，磨點性情，適度接觸真實社會裡多樣的人事物，絕對會成爲自己在「轉大人」中最真實的磨練。

記得一次在市區購物中心裡遇到朋友，我談起孩子工作便心有所感地說：「They have nothing to loose!」（她們不需要擔心會耽誤，或失去什麼！）

我真的這麼以爲，女兒們當時的最大優勢，就是年紀輕。年輕，看大多數身邊的事物都新鮮好玩；年輕，動手去做任何事都趣味盎然；年輕，所以打工機會來臨之際，靜下心來看，什麼都是經驗；年輕，對她們來說是賺取人生，不是只爲了儲備一桶金。如此看待，不論選擇去做什麼，哪會有任何所謂的「損失」?!

我了解到，很多身處澳洲的亞裔父母還是捨不得孩子去餐廳端盤子、去店裡掃地搬桌椅，他們會說：「我爸媽當年都沒讓我出去賺零用錢了，我怎麼忍心讓我的孩子去打工？」或許這是一種傳統上世代相傳「護育」型的心思，所以通常也無法想見自己的孩子端盤子、擦桌子。多數的亞洲父母總想把孩子顧得好好的，心甘情願支付孩子上學、生活所有的費用，只求孩子專心課業，「不要浪費生命、不要做些有的沒有的」。

父母們總把青春期孩子的課業和工作、交男女朋友、課外活動等等都清楚劃分，一心認爲孩子在一個階段只能做一件事，孩子只要順利完成了某個階段，才能開啓下一個階段，而這個階段之間的轉換時間與年齡大小是由大人認定，而不是與孩子共同面對、討論之後的理性抉擇。

打工，讓年輕的人生更自豪

有回，大女兒和男友一起跟男友以前在雪梨念高中的幾位好友，以及他們的女友們共同去新南威爾斯州的一處海邊玩，這些當時都在就讀大學的同學之中，正好有一些亞裔的朋友。當大家大聊工作經驗時，突然有一、兩位亞裔朋友很不解地問：「你們打工是爲了什麼啊？」

大女兒當時驚訝地看著問話的亞裔朋友，還沒能回應，其中就有一位已工作幾年的朋友說：「當我上次計畫想去其他國家的大學當交換學生，我就很自然地查了一下銀行戶頭，看到自己戶頭裡有八、九千元澳幣，足以支付我的部分旅費、住宿費及生活費。我突然覺得，工作，是一件多麼重要又有意義的事啊！」

是的，女兒們確實和不少澳洲青少年一樣，自願主動踏出原本的生活舒適圈，靠著一小

在義大利冰淇淋店工作除了挖冰淇淋，也包括飲料製作與端送。

時一小時的辛勤打工，賺取足以支付自己生活與學習中的雜費與部分學費，甘心樂意支付自己的機票費與旅費。所以，和不少澳洲同學一樣，她們一直對於自己有機會養成這份小小能耐，由衷感到一點點自豪。

而我，想起第一次在某個週末夜晚，看到在G義大利冰淇淋咖啡店中負責打烊、很認真在收拾掃地的十五歲小女兒的忙碌身影，站在對街觀望的我，眼眶竟有些泛紅，一股莫名的驕傲感油然而生！

有時我想，我好像太不「正常」，太不像刻板印象中的「典型」亞洲父母，我竟然會因爲「應該專心念書」的孩子出外認真做事打工，而在暗地裡感到自豪，還私下偷偷感動了好久好久。

這輩子，我大概永遠無法教出一個「捧如公主」般不食人間煙火的女兒吧，更何況，女兒們也根本不願意當個嬌嬌女；連她們都鄙視也極不情願了，我又如何能那樣的把她們一路「捧」著養大啊?!

打工會影響課業嗎？

教養觀察

發球權在她，主動性也在她。我們做父母的懂得尊重她，她自然會尊重我們；父母看重孩子，孩子自然會對自己的生活也自重、自愛。從上而下的禁制規定，永遠不如從下而上的自動自發。

小女兒從十年級下半年起開始擁有兩份工作，這顯示了澳洲教育體制的另一個層面，它讓孩子們在一至十二年級的整體學習中，真正出現升學大考及龐大課業壓力的階段是最後兩年，也就是等孩子們都較成熟、心智也較長成的十一、十二年級階段。

所以，一至十年級間的整個學習和教育過程，是正常、健康的學習與體能並重時期，孩子的整體生活比較健全。澳洲學生的暑假是南半球的十二月到一月間，它和我們曾經過六年的北歐一樣，沒有無謂的暑假作業、暑期輔導、先學偷跑的補習「撇步」等等強加在孩子們假期中的各種變相額外學習與要求。因此，暑假對一般澳洲中學生而言，是真正放開身心享受的假期，是一段可以自我靈活運用的時間，也正是可以拿來多打點工、賺點零用錢的時候。

課業變重還能打工嗎？

小女兒十年級學期快結束之際，其實學校的課程早在幾週前就幾乎告一段落；在澳洲，中小學很少有考試考到最後一分鐘的現象，公立學校在最後的一、兩週都算輕鬆，而私立學校通常都已經提早放假了。妹妹當時就和大多數澳洲同學一樣，忙著準備參加「轉大人」的重要儀式，也就是半大不小的男女生們穿起晚禮服、西服出席的十年級正式畢業舞會。

由於整個一至十年級學制的課程比較平實、健康，而重頭戲在接下來的十一、十二年級兩年，所以前十年的基礎階段，絕無必要搞得孩子們人仰馬翻，一天到晚備戰、段考、重點加強和大小測驗。小女兒就讀的澳洲首都特區坎培拉公立學校，是將十一、十二年級與七至十年級的中學分隔出來稱爲 college，位在不同區且爲獨立的校園。所以妹妹當初在十年級下半年的階段，一直到暑假結束的十一年級開學之前，自然會有比較多時間讓她能兼顧兩份工作。

妹妹通常是利用下課後的週五傍晚和週日下午去B果汁店工作，而G冰淇淋店的工作則是週六晚上；就澳洲青少年學生的臨時兼職工作來說，每週上班時數與時間不定，假若碰上課業多或是大考前的階段，妹妹會主動和店經理調整時數和時段，或甚至將其中一個班停上一、兩週，以有效勻出足夠時間來因應課業要求。

十年級暑假近尾聲，十一年級即將到來之際，一位當時住在澳洲的亞洲友人在那段期間，幾度語重心長地關心妹妹，並問我說：「你們家妹妹十一年級以後還要繼續打工嗎？」我心底最直覺的反應就是：「當然啊，那不然呢?!」

這位同樣有著兩個孩子的爸爸繼續追問了一個我早已想見的問題：「這樣不會影響課業嗎？」我笑而不答，因爲我太了解我家妹妹了。但我也非常能理解這位亞裔爸爸的擔憂，他們家大兒子和我們家姊姊年齡相仿，所以在十一、十二年級的高中最後兩年期間，他們孩子確實因爲父母的關注選擇專心課業，沒有去打工。

其實打工這件事要是真會影響到我家妹妹的課業，絕對是她主動提出來告知我們大人，而不是我們父母預設了假想情況去嚇她也嚇自己，進而直接干預，以「浪費時間、耽誤課業」來阻止她。

孩子主動告知，和父母直接干預的最大差別，在於比較有個性的孩子可能直接跟大人「對槓」，兩手一攤說：「好吧，是你叫我不要去工作的。」多出來的時間不見得一定會專心用功，還可能拿來打混摸魚、滑手機、玩電動、上網、聊天等等，反正時間多的是，功課拖到最後一分鐘再寫也行，考試、報告最後再來個臨時抱佛腳都不怕。

孩子主動告知父母的情況就大不同了，那是他們自己親身經驗了課業、工作、休憩、娛樂等各個生活層面之後，想要規畫一種可以多方追求卻又力保平衡的方式。所以，這是他們在自我評估並且找到可行方案後來告訴或和我們大人討論；因此，發球權在她，主動性也在她。我們做父母的懂得尊重她，她自然會尊重我們；父母看重孩子，孩子自然會對自己的生活也自重、自愛。

從上而下的禁制規定，永遠不如從下而上的自動自發。

尊重孩子的決定

十一年級開始，課業壓力確實接踵而至，每個學習課業，都會深深影響日後的升學與往後希望就讀的高等教育選擇。開學幾週後，妹妹就將原本一週兩次的B果汁店工作調整爲一週一次的週日下午，但持續保有兩份工作。每逢學習中的假期或考試後，她再做時數的調整，暑假期間就增加較多的工作天數與時數。這樣的自我安排，讓她在十一年級一直保有兩份工作。

小女兒進入十二年級開學後不久，有天跟我說：「媽媽，我打算辭掉G義大利冰淇淋店的工作。十二年級了，我要專心衝刺、念書。」然後告訴了我，爲什麼她選擇辭掉冰淇淋店而不是B果汁店，雖然冰淇淋店距離我們家較近。她解釋：「冰淇淋店前陣子又換新主管，新主管還在摸索，所以工作排班等等會比較不穩定，也會有更多的磨合期。」

我自然是支持她啊，我理解她想要保留在果汁店的星期天工作，除了澳洲週日工作的薪資鐘點比平日時薪高出許多之外，也因妹妹認爲，繼續在每週日下午出去做點事、賺點錢，對她來說，會是一個不錯的心境轉換機會，會讓她掌握更好的時間管理。

那年，她還不滿十七歲，已經體認到職場轉換的抉擇心路歷程，以及學業、生活與打工的理性分配與時間管理。

妹妹爲了能夠如期在每個星期天上班，就必須盡早將該寫的作業做完、該念的書先念好；其實，她先前在十一年級的時候，星期六晚上要上班，所以必須在週六上午抓緊時間認真念書。年紀輕輕的她，爲了能夠同時兼顧課業水準和兩份工作，學會了安排念書與排班，以及在各階段之間有效、順暢的轉換。

我還是會不時地想起當初那位朋友的疑慮，但我心裡深深覺得，自己應該永遠無法真正嚴厲地去禁止孩子做任何她們想要做的事，只要她們認定是合法、合理、合情，以及真心願意去嘗試的。

當然，孩子們做任何決定，多少會有些潛在風險或無法預知的問題產生，要是真遇到困難與問題，咱們就跟孩子一起去解決吧！

◆B 果汁店前總是眾多點飲料與等候的人潮。

辭職，因為看到當年的自己

教養觀察

原本以為小女兒堅持要辭去果汁店的工作，是她疲累之後的任性與一意孤行，沒想到卻是因為她認為自己「長大」了！她不畏懼再出走，即便未來可能再度面對跌跌與撞撞，也一定要轉身走出去。

小女兒從十五歲起在澳洲國際連鎖的B果汁店打工，一做就是三年，直到她大學一年級的寒假（南半球的寒假，即爲北半球的暑假），計畫去巴黎進行一個多月的交換學生計畫，才真正辭去這份工作。

當她理所當然地告訴我：「媽咪，我不做了！」

嗯?! 我愣了一下，沒弄懂地問：「辭職?! 爲什麼？」

她簡潔地回答說：「我想要休息一陣子。」

喔，我懂了，但還是多問了一句：「那你要不要等找到下一份工作再辭掉呢？」

她又理所當然地回答說：「不用啊，我從巴黎回來之後再找就行了！」

看她說得如此自信、堅定，我也不多說什麼；當時，連認識她三年的B店經理都說：「要不要我們先幫你保留著？等你從法國交換回來，還是可以一邊做、一邊找其他工作。」

但妹妹仍執意要完全辭掉，店經理只好說：「好吧、好吧，不過，我們歡迎你隨時回來喔。」然後，又加了一句：「要是你從法國交換回來，一時找不到合適的工作，就隨時跟我們說一聲！」

其實，妹妹在B果汁店工作的最後半年多，我明顯觀察到她有些意興闌珊，雖然妹妹一旦開始工作還是一樣賣力、盡心，但每次她工作完畢之後，卻顯得比往常更勞累，尤其是在她大學一年級上學期，四月份的兩星期教師休息週讓我印象最爲深刻（教師休息週等同於學生沒有課的兩週）。

教師休息週的兩週，不代表學生就沒有課業壓力。大學雖然沒有教師教課，學生卻有報告要寫、書要讀，一般來說，澳洲國立大學的課業一點都不輕鬆！

小女兒當時在那兩週中的一個星期裡，讓自己去上了比較多的班，搞得身心俱疲、人仰馬翻。

我問妹妹：「你怎麼會想到一沒上課，就安排這麼多班？」她茫然地看看我，沒有答腔。

我又關心又嘮叨地說：「果汁店工作非常耗體力，這你很了解，幹嘛連續上這麼多天班，會把自己累慘了。」她還是沒說話。

力燒盡。」

辭職的真正原因

在果汁店工作後的一、兩年間，她逐漸成為店裡的得力助手。店經理說，她隨時可以去當領班小組長，當時她十七、八歲。但我常勸她：「你做事太用力了，這樣會讓自己氣力燒盡。」

我不可能要孩子學著偷懶，也不會教她們摸魚的「撇步」，或要她們表面嚴肅卻背地裡不認真。但她一上班，全程幾個小時都一副戰戰兢兢、手腳勤快的模樣，讓我還是於心不忍地勸說：「或許再多歷練、成長幾年，你一定可以同時以認真嚴肅的態度處事，卻又能用更從容輕鬆的方式來應對。」

小女兒說：「最近來了幾個新人，」她緩慢地道出心聲。「我得一邊工作、一邊帶他們，好讓他們練習，儘早上手。」

我很自然地應她說：「好啊，這對你是很好的訓練。」

「但是，媽咪，我真的不要做了！」她突然傾吐出了心底話。

「因為，我在其中一個十五歲的女孩身上看到當年的自己！」她再緩緩說出。

突然間，輪到我說不出話來，我得先沉澱一番。

妹妹接著又說：「媽咪，她好緊張、好害怕，又求好心切。她剛來上班時，什麼都不懂，一切都得從頭學起；我在緊湊忙碌的工作之中猛一抬頭，望見她青澀的模樣，剎那間，我有所領悟！……我現在什麼工作內容都懂得，店裡所有大小雜務根本難不倒我，隨時能直接上手；就因爲如此，現在，正是我應該離開果汁店的時候了！」

職場人生新頁章

我被小女兒這席話給震懾住了，原本以爲她堅持要辭去果汁店的工作，是她疲累之後的任性與一意孤行，沒想到卻是因爲她認爲自己「長大」了！自己回首過往三年的工作歷程，學會了什麼、熟悉了什麼之後，從不間斷邊工作邊帶領新人的過程裡，「頓悟」到自己該放手，該往下一處走，去給自己不同的歷練了。

她想要再度邁開大步，毅然地「再一次」離開熟悉已久的舒適圈，跨越出去，爲自己再去尋找下一個嘗試方向與工作機會。原來她一直都不想「自我滿足、原地踏步」，她在自己認爲適當的時機，自主抉擇地離開一個很熟悉、很受肯定的職場關係；她不畏懼再出走，即便未來可能再度面對跌跌與撞撞，也一定要轉身走出去。

不到十八歲那一年，小女兒進入了澳洲國立大學，選擇就讀國際關係學系與視覺藝術學系雙學士學位。大一上學期時，她已經在義大利冰淇淋店做了一年多，同時期又在知名連鎖果汁店做了近三年，現在決定辭去再熟悉不過的工作。

她為了讓自己再出發，早在十二年級下半年，就申請應試進入國際知名的慈善組織零售店家「樂施會」（Oxfam）[1]，在那裡當起營業櫃檯的志工。

因此，她的職場人生故事，又展開了另一新頁章。

[1] 原名英國「牛津饑荒救助委員會」（Oxford Committee for Famine Relief）的樂施會是國際發展與慈善援助的非政府組織，一九四二年成立於英國牛津，一九四七年在英國開設第一家慈善商店。該機構分支遍布全球，多達八百個店家，其販售商品的模式，是協助低開發國家有機會進入已開發國家市場的「公平交易」公益機制。

Q 書中的打工經歷實際參與者是姊姊和妹妹，不知她們的第一手想法與思考為何？

A

這本書的故事來自於我與女兒們的學習與打工「實戰」經驗，再融入我自己的貼身觀察與生活於澳洲多年的文化體驗。雖然書是由我操刀來寫，但書裡的文字與述說，百分百絕對事先通過女兒們的認可，她們邊看稿就一邊會指出描述與她們經歷不符或邏輯不通之處，然後直白地給予指正與建議。

女兒們打工這歷程，目前仍然持續不斷進行，是日常再普遍不過的事情，所以我和她們三不五時都會分享與討論。

妹妹有一次看完這一篇章後，在一旁加了註：

「媽媽，你為什麼要寫我想要休息一陣子？這樣寫好像我很不會做事一樣。」

「我哪有那個意思呢？」

「有啊，我覺得有。……我又不是為了要休息而休息，而是因為我耳朵痛。」

原來是這樣，因為她一直覺得長期以來打了太多的果汁，一直聽著果汁機器的攪拌大音量，造成她耳朵不舒服。但我曾經以為，這是她的職業倦怠感，正是她需要換跑道的時候了。

「這樣寫好像我很不會做事一樣。」原來妹妹一直很在乎自己能不能幹、會不會做事，這也是她打工之後，我意外發現的一點：就是她在乎自己會不會做事的程度，已經跟她在學校的課業能否獲得優異成績，其實是一樣看重啊！

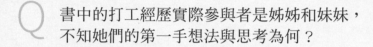

第二話

從果汁店到珠寶店

From Making Juice to Selling Jewellery

到慈善商店當志工

教養觀察

出發去巴黎的法文交換之旅前夕，小女兒辭掉兩份工作。當時，我真的不太明白這個小女孩在想什麼。後來才發現，她其實胸有成竹地規畫好了，一個階段的結束，就是另一個階段的開始。

小女兒先前在十二年級，也就是高中最後一年，雖然持續在B連鎖果汁店工作，但那年的八月間，正好是整學年四分之三漫長學期的尾聲，順利完成學期末大報告和評量作業之後不久，就開始思考怎樣讓自己開始接觸其他類型的工作。

當時，她想試著從餐飲服務業跨足到零售業的領域；而她在一時三刻沒有獲得什麼機會之前，有一天突然跟我說：「媽咪，我想先去做志工。」

「好啊，你打算做什麼？何時開始？要到哪裡做？」我帶著鼓舞的語氣問著。

她顯然已經做足了研究與準備工作，回答說：「我已經在『樂施會』的網站上註冊登記、填好資料、表達對他們的志工團隊有興趣。如果可以的話，我希望能在樂施會設在坎培拉市中心購物商場一樓的慈善零售商店做門市店員的工作。」

大約一個月後，小女兒完成高中基本學力測驗大考結束不久，就收到了樂施會的來信，問她是否仍然對於擔任志工感興趣？女兒開心地回覆說，當然有興趣！

她當時還不滿十八歲，所以在確認要參與這份慈善商家的工作前，需要父母或監護人簽署一份工作同意書。樂施會希望麾下的志工年齡超過十八歲，假若青年人的年紀介於十六到十八歲之間，又希望能申請當志工，樂施會就會依照個別案例予以特別考量。

志工參與擴展新視野

面試那天，小女兒拿著我簽署的同意書，進到樂施會慈善零售商店與經理碰了面。她們談了滿久，經理後來開始跟妹妹介紹店裡的各式擺售物品，還一同到購物商場的樂施會店家倉庫裡瞧了瞧。

妹妹後來很開心地回憶說，在樂施會慈善商店的工作，不僅學習到零售販賣業與行銷的一些重要技巧、了解所謂的「公平交易」，同時對樂施會這個國際社會很出名慈善組織的全球合作夥伴和製造商有了更深入的認識，更讓自己直接、間接幫助了全球發展在地化的經濟和社會正義。這些林林總總實際參與了志工與慈善事業的歷練，不論是與國際組織還是在地有關的社會公義以及直接到零售第一線的協助等，都讓女兒覺得自己當初選擇了在樂施會工作而感到深深驕傲。

小女兒從登錄樂施會網站註冊表達參與志工的意願履歷，到最後成為正式的慈善商店員工的過程，整整歷經三個多月。可見，好事總是要多磨一下，很多事要能成功，確實都需要時間。但說來也真巧，她開始正式在樂施會商店工作，正是她十二年級高中整個學年課程結束時，學生們只剩下引頸期盼的畢業舞會、學校的畢業典禮和十二月中旬的畢業學測成績公布。

小女兒的基本規畫是，維持一週一次到兩次的志工時段，其他時間仍然是去B連鎖果汁店工作。她很清楚這兩份工作的內涵，一份是無收入的做公益，一份是有領時薪的打工。兩者對她來說，不僅不衝突，還很出乎意料地帶給她生活與工作上的身心平衡體驗。

從工作中感受尊嚴與被尊重

「媽咪，來到樂施會商店的客人，幾乎沒有一位是奧客喔。」妹妹有一天對我說。

我有點訝異地問：「真的嗎？」

她欣然解釋說：「當然啊！你想想看，會走進我們店裡的，多少對樂施會有耳聞，也或許想做點公益。所以他們走來選購適當商品，決定購買的那一刻，多少是以一種幫著做慈善的平和心境，很少人會張牙舞爪、亂發脾氣，一副理所當然要求我們應該如何又如何的嘴臉。」

「嗯，聽起來很有道理。」

她也很有感觸地說：「在樂施會這裡上班，我感受到了尊嚴與被尊重，雖然我們也會有好忙的時候，但忙的事物與心境卻大不同。」

不同產業本來就有不同的客戶群，以及各個行業員工面對客戶時的應對需求，樂施會零售商店賣的東西確實五花八門，有時來逛的人潮一多，店裡也會顯得壅塞。但多數光顧的客戶是支持這個國際慈善組織的理念，即便有些不怎麼熟悉樂施會的客戶，也會因爲店裡標榜的全球「公平交易」告示，加上店裡販賣來自不少低度開發國家偏僻地區製作的商品，因而知曉和感同身受到這樣的慈善零售志業，是和一般以商業利益爲主的店家有明顯的差異。

果汁店以外的經營學習

小女兒在樂施會工作期間，確實認識了不少零售業的經營操作概念。雖然樂施會是慈善性質，但所有販賣商品的作業流程與員工訓練，不會因此而減少或變化，舉凡從進貨到拆箱、幫忙清點、拿出上架到定時盤點存貨與結算，以及從收銀台的現金或刷卡結帳、包裝點交給客戶或是退貨退款等等，每一樣作業都少不了。

真正算下來，妹妹在樂施會做了將近八個月，直到她大一上學期的寒假（南半球的六、七月間），這份工作才告一段落。當時，她和姊姊一起前往法國巴黎當一個多月的交換學生，其實先前當她知道要去巴黎，就已經和樂施會提起可能要離職的事，並讓自己在四月間學校的兩週教師休息假期，逐漸減少零售志工的工作時數；她跟樂施會說，因爲已經規畫要去歐洲當交換學生，必須盡量多些時間去賺取更充足的旅費和生活費，所以想要將課餘時間多撥一些給另一份工作B果汁店。

在姊妹倆一起出發去巴黎的法文交換之旅前夕，小女兒辭掉了工作近三年的B果汁店，也辭去工作八個月的樂施會零售志工。當時，我真的不太明白這小女孩在想什麼，有必要完全辭掉兩份已然非常熟悉的工作嗎？暫時「留職停薪」一陣，不是也很OK嗎？

我後來才發現，她其實胸有成竹地規畫好了，一個階段的結束，就是另一個階段的開始。

A ◆ 樂施會店裡販賣來自低度開發國家偏僻地區製作的商品。

B ◆ 國際慈善組織「樂施會」所開設的零售店，讓妹妹學習到零售經營的概念。

沉寂三週後的另一段青春歷練

教養觀察

小女兒從巴黎完成交換計畫，回到澳洲沉寂了三週再出發，順利地讓自己再度與工作接軌，進入另一個服飾業的場域，開始了另一段面對更多不一樣人事物的青春歷練。

小女兒從巴黎交換結束回到了澳洲，她的大一下學期課程正式開始，她也繼續尋找下一個打工的機會。

除了在求職網上把履歷表投遞給有興趣的企業之外，也前往市中心購物商場一些預設目標的店家，走進去送交紙本履歷。

再度投遞履歷

一個週末的午後，我和先生正好去逛市中心商場，就順便陪陪小女兒來投遞履歷：其實，投履歷表這檔事，我們一點也幫不上忙，唯一能做的就是「陪著」。但不是「陪著」她走進店家，而是讓自己在商場不同店家裡或迴廊間閒逛，隨興看著澳洲首都坎培拉市區最大購物商場裡，一星期最繁忙時段熙來攘往的人群穿梭來去。

小女兒突然來電：「你們在哪裡？」

我立刻回說：「媽咪在逛 Ecco 鞋店，爸爸在 ZARA 服裝店家前面的沙發區發呆休息。」

Ecco 本來就是我還滿愛逛的店家之一，不知是因爲它來自北歐丹麥，還是自己到了一定年紀，很自然地就會喜愛舒適好穿的鞋。至於在商場裡找沙發區休息，總是我家先生的最愛，如此既能「陪著」家人，又可讓自己偷閒一下，好像這樣就能消除一週的工作疲勞似的。

小女兒找到我們之後說：「媽咪，我們不用另外再去坎培拉的 Outlet 商場了。」

我疑惑地問：「爲什麼不去了呢？」

因爲當初和妹妹說好，我們不是來逛大街的，原訂計畫是在市中心最大購物商場陪她投完履歷之後，就要趕去 Outlet 商場向小女兒預擬好的店家繼續投遞履歷啊。

小女兒解釋說：「媽咪，你記得嗎？幾個月前，我不是曾經去過Outlet商場裡面的一家L鞋店面試嗎？」

我努力回想，對喔，小女兒在這一年上半年曾經陸續接獲一些面試通知，也曾經在去巴黎之前應試過一、兩家商店，其中一家是澳洲連鎖服飾業的鞋類專賣店，店經理確實跟她說過：「你是我們現在最想錄取的人選，但你馬上就要去歐洲一個多月，而我們目前就急需要人手，很抱歉，沒辦法等你回來之後再雇用你。」

當時，小女兒也覺得這很合理，並沒有放在心上，但這位連鎖服飾業的地區經理接著還說：「可不可以在你回來後，再撥空來我們店裡投遞一次履歷表？我們到時候還是會把所有應該完成的雇用程序跑一遍，希望到時候會有機會再錄取你。」小女兒講述起這段我們都還記憶猶新的經歷。

她很開心地說：「媽咪，我剛剛拿著履歷去D（澳洲一家連鎖服飾業的服裝專賣本店），才一進去，就意外地看到那位上次在Outlet商場鞋店面試過我的地區經理耶！她看到我就很高興地說：『你回來囉，太好了！這樣吧，你就直接來我們D服飾店工作吧，我們現在需要人手，我把你安排到城西南區的商圈分店去做事。』」

真巧啊，這實在是一種緣分！

從餐飲業轉戰服飾業

D是一家澳洲本土的服飾品牌，主要商品是以上班族和婦女為主，它和小女兒先前面試過的鞋類專賣店屬於同一企業旗下。另外還有不同的子公司，每家店都設有店經理，但整個坎培拉地區有一位負責管理所有店家的地區經理，小女兒遇上的就是比較高階的這位地區經理。

小女兒很意外地，就這樣在還沒投完履歷表之際，獲得了一份全新的工作；雖然她早先跟我提過這位地區經理希望日後仍有機會錄用她的話，但我們根本沒當真，也壓根沒放在心上。很多時候，時間一過，人事已變，我們無法確定這位資深地區經理是否真的會再記得小女兒，也不確定人家是否真會認真對待此事。我們只知道，小女兒從歐洲回來之後，一定會再去投遞一次履歷表，所以我才催著說要從市中心商場再趕去Outlet。

現在，我終於了解小女兒說不用趕去Outlet的原因，我們都很替她開心。

D雖然主要以服飾為主，但也有賣鞋子，再加售一些零星的配搭飾品或配件如皮帶等等。小女兒到D上班，十八歲的她，「正式」轉戰服飾零售業。她從餐飲服務業工作了三年之後，跨足到零售與服飾業打工，前前後後的幾份工作轉換，占去了小女兒不少週末或假期時間，就像她為了讓自己接觸零售業的工作，曾經先到樂施會商店當了長達多月的零售志工，當時雖沒賺到薪資，卻賺取寶貴的店家經營流程和經驗。

小女兒在前往巴黎交換之前，心志堅毅地辭掉工作三年的B果汁店，我們起初也不確定她這樣「放空」的做法是否恰當。而她從巴黎完成交換計畫後，回到澳洲沉寂了三週再出發，竟然能順利地讓自己再度與工作接軌，不僅進入新層面的服飾零售業，運用她在B果汁店和樂施會累積的各種櫃檯收銀、店面整理、商品陳列、開店與關店流程等等經驗，進入另一個服飾業的場域，開始了另一段面對更多不一樣人事物的青春歷練。

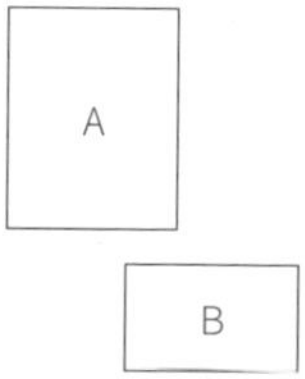

A ◆ 妹妹左右兩側是一同參與 2016 年 6 月去法國巴黎進行法語交換課程的同學，他們都有打工，以支付自己的生活雜費與旅費。

B ◆ 姊姊 2016 年 9 月參加法國與義大利建築藝術課程，旁邊的兩位同學也都打工多年，並負擔自己大多的學習旅費。

看你一直燙衣服，好可憐！

教養觀察

或許孩子們多少都會希望能夠有機會獨當一面，就像所有生命都渴望要成長茁壯一般，學習獨立自主，應該永遠是青春時期的一大課題。

小女兒剛開始到D服飾店工作，有很多要學習和上手的事務。D服飾店和B果汁店兩者最大的不同是人手多寡數的明顯差距，果汁店除了一大早開店營業的人手較少約兩位外，一近中午時分，店內人手就會增加到至少四人；週末人潮洶湧之際，小小的果汁店還會增加到五人。

但在D服飾店工作，整個店面一般就是兩人，只有在聖誕節前後或遇上換季大打折，客戶蜂擁上門之時，才會再多加一、兩位人手。

平日只有兩名員工要顧好一家面積不算小的D坎培拉南區分店，有時還真是一種挑戰。尤其某些時段突然之間來了許多客人，有的人逛衣服，有的要試鞋，有的準備進更衣室試穿，此時一個店員忙結帳，一個還必須到後方庫房去拿客人要的不同尺寸鞋讓他們試穿。而通常女士們試鞋子或試衣服，都不僅僅只試個一雙鞋或一件洋裝，所以店裡員工每每在客戶試穿完之後，得盡快、趕緊將服飾鞋子一一收攏擺放回倉庫架上，或將店裡面的衣架與平台擺好或掛攏，以供第二天再度開門營業。

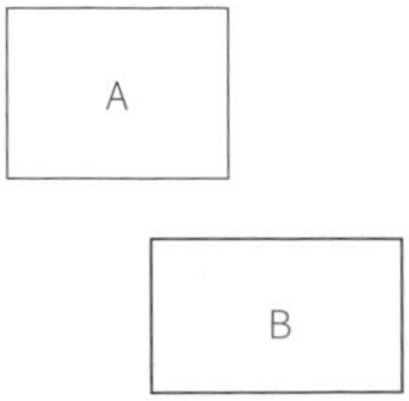

A ◆ 妹妹工作的澳洲連鎖服飾店，不算小的店面只有兩名員工，要顧好店是一大挑戰。

B ◆ 這是坎培拉的另一處購物商場，姊妹倆的另一個打工環境。

不過就是燙幾件衣服

妹妹剛上班沒多久時，有次一大早，我送她上班；當時女兒們尚未「霸用」家裡的車子，我使用車子的比例要高一些。那天送她去D服飾店上班後，我乾脆停好車下來看看她的新工作。上午九點多，沒什麼客人，我走進店家當起顧客，當時看到收銀台後面有名職員在忙，也看到我家妹妹在後方角落門邊處，拿著直立式的蒸氣熨斗專心地在燙衣服。我看她一連燙好了幾件衣服，並沒特別叫她，只是心裡嘀咕著：真不知她是否會喜歡這份新工作?!

小女兒下班後，我跟她說：「媽咪上午就看你在服飾店後方角落一直燙衣服，好可憐喔！」她側身轉頭，瞄了我一眼說：「哎喲，我不過就是燙幾件衣服而已！」她理直氣壯地回覆，讓我在心底暗自偷笑許久。原來人家根本不介意多熨個幾件衣服，人家根本一點都不覺得辛苦啊！

我繼續「白目」地對她說：「我還以爲你會覺得無聊，會覺得英雄無用武之處！」她翻了我一個大白眼，一副懶得回答我的神態。

搞了老半天，原來我家妹妹是個很務實的人，她覺得工作就是工作，她鐵定很想跟我說一句：「Come on, it's just a job! OK?」（拜託喔，不過就是一份工作，好嗎?!）

小女兒剛開始前幾次在D服飾店上班，確實就是先學會一些主要流程，譬如燙整客人弄皺的衣服，幫忙將店面前方架上被客人試穿過或移動後的鞋子擺整好，也就是先學著觀看店內大局，隨時隨地看有什麼地方要整理、要上架、要幫忙的。慢慢地，妹妹也學著清點一箱箱剛從總公司或區域主管店面進貨的衣物，一一清點完之後再拿出來折疊好，看看是要放上衣架還是放在展售檯面上，三不五時也要幫忙櫥窗模特兒更換展示衣服與配件等等。

這些服飾店的工作基本上難不倒我家妹妹，她本來就是一個喜好整理也善於分類整理的人。她常說：「在家裡，我包辦了兩個人衣物和房間的整理收拾。」她口中說的包辦另一號人物，自然就是她最要好的姊姊；對此，妹妹可經常碎碎唸姊姊說，這個也不好好收拾、那個也不知道主動整理等等！姊姊呢，當然覺得妹妹就會誣賴她。

獨當一面的成就感

小女兒在D服飾店上班前幾個月都還算相當開心，也陸續認識了不少工作夥伴。她工作的這家分店裡，除了一位全職的店經理之外，還有一位副理，其他就是像妹妹這種兼職性的臨時調度員工，這些調度員工大多數是學生，有的是大學生，有的是研究生，有的則是高中畢業生。她們通常一週分別會有七至十小時不等的班。

妹妹剛進D服飾分店時，前一位副理剛離職不久，尚未有新的店面副主管；店裡少了一位重要的副手，很多工作就得分別落在她們這群半大不小的調度女員工身上，比方說，某些時日當早班的就得負責開店，某些時日排到下午班的則負責整理、關店。也因此，才剛新任不久的妹妹就必須肩負起協助開、關店門的較大責任，店經理因而分別給了她們一把備分鑰匙。

能夠擁有一家在首都坎培拉某購物中心的澳洲全國連鎖服飾店面的鑰匙，同時又學會掌控營業流程與管理全局，這對當時十八歲的妹妹來說，是有點小小自豪，除了覺得自己更「超齡」外，也頗有成就感的呢。

記得，以前她週六晚間在義大利冰淇淋店工作，有很長一段時間就是負責和另外兩位年輕的夥伴在晚間九點多左右關店。每次我看他們這群半大不小的孩子處理關店流程，都打從心底會心一笑。他們有模有樣地一次處理這麼多事：清理垃圾、掃地拖地、將擺在騎樓的咖啡桌椅都搬進店內收攏、將所有冰淇淋和器皿都收進冰庫、將一切明天一大早開門前需要的物品備好（如牛奶和製作冰淇淋原料等等），最後還要把當天的營收結帳、關燈、關好落地玻璃門上好鎖，才算完整辦妥流程。

好幾次，我和先生正好在附近，觀看他們這幾個青少年這樣子的忙碌，實在忍不住想要豎起大拇指給他們按個讚！當時小女兒十五、六歲，在一起工作的同伴裡，有她高中同屆同學，或一、兩位她姊姊那一屆十七、八歲的同學。

或許孩子們多少都會希望能夠有機會獨當一面，就像所有生命都渴望要成長茁壯一般，學習獨立自主，應該永遠是青春時期的一大課題。在冰淇淋店打過工的這些辛苦訓練，與完整學習這家店面的營收運作，讓妹妹進入D服飾店之後，只需要很短時間就能真正上手，不論是要結帳、協助客戶、幫忙找衣物或建議哪一類服飾搭配等等，她對一整套連鎖服飾店的作業程序，不用多久就逐漸熟識了。

小女兒一直認為，服飾業相較來說，比餐飲服務業「輕鬆」許多。雖然服飾業在日常關店之時，也要整理和清掃地板等等，但餐飲業的前置、後置工作真的是極為繁瑣，也複雜太多了。

◆零售業在關店打烊時，雖然也必須清理打掃，但確實比餐飲服務業在關店時的工作要少得多。

Q 看到妹妹在燙衣服，打工最常做的就是重複性高、創造力低的工作，也往往被父母認為對未來沒有幫助。但是不是只要用心，就可以學習到比如用技巧來提高效率呢？

A 所謂的「重複性高、創造力低」的工作內容，說起來，其實哪一份工作不是「重複性高、創造力低」？連她們爸爸那一份看似美好的工作，多數時候也是重複性高、創造力低，許多時候還會有強烈的徒勞無功之感，或深感挫折被官僚體制所綁縛。

事實上，生活與工作裡的「重複」真是無所不在，每晚一看到廚房裡待洗的碗盤，每隔幾日看到待整理打掃的家，也很容易覺得生活為何一再「重複」而感到百般無力。所有創造力高的工作，或甚至創意十足的藝術表演工作，也需要很多重複性的地方，比如要耐得住寂寞去啟迪創作，比如要有足夠的耐力與毅力去寫下劇曲，比如要做很多舞台排演、要推敲很多的創作細部研究與持續思考，再加上一場接一場的「重複」性演出等等。

問題的重點或許不在於能否接受「重複」，而在於歷練與超越過這些「重複」之後所培養與熟練做事的方式，以及找到這份工作的意義與知道自己為何需要這份工作；更能在一再熟練了「創造力低」的工作內容之後，把自身的職場經驗逐漸轉化成熟悉與自信心的來源，從而認知到生活中的腳踏實地是有很多所謂的「重複」性。這也就像是在磨練一個人的個性，卻也是最真實的生活面向。

住過這麼幾處西方進步國家之後，總會讓我覺得，怎麼愈進步國家的人民，生活反而過得愈「平凡」與真實。或許，學習應對生活裡的「平凡」事務，未嘗不是另一種生活上的體會與磨練。

意外的珠寶飾品店面試機會

教養觀察

不同公司想要錄取員工的性質有所不同，但溫和、善於觀察又有自我定見的人，可塑性相對高一些；個性強勢、愛搶功、愛搶話的人，倘若在團隊之中又過度自以為是，有時反而容易阻礙事情，成為與別人工作合作上的絆腳石。

小女兒在D服飾店的工作陸續上手之際，新派任的分店副理也到任了。

這家位在坎培拉西南邊W商圈的D分店，是這家服飾集團的諸多分店之一，每當其他分店缺人手時，妹妹有時就會被詢問是否有意願前往協助。因此，妹妹曾到過同一集團旗下一家位於大型 Outlet 賣場的澳洲鞋子專賣店幫忙過，那家鞋店就是她去巴黎交換之前曾經面試過的店家，也因此她後來從巴黎返回澳洲之後，機緣巧合地到了集團旗下的D服飾店工作。

有天，妹妹很意外也有點驚喜地收到一封找她去面試的企業回覆信函，它是目前全球頗爲知名的北歐P牌珠寶飾品店。妹妹喜出望外，卻又有點不知所措，乾脆直接問我：「媽咪，怎麼辦?!我已經在澳洲本土的D服飾店打工了，所以我應該拒絕這份新工作的應試機會嗎？」

我很鼓勵她，說：「你當然可以去P牌珠寶飾品店試試看，先去面試看看再說吧，到時候看結果如何再來評估都行。沒有任何規定說你不能身兼兩份工作，因爲這些其實都不是全職，更何況P牌要聘雇的不過是聖誕期間購物熱潮的短期季節性員工，而那段最忙碌的時間，正巧也是大學的暑假，到時候你的時間絕對充裕得很！」

妹妹告訴我，當初她的履歷是在巴黎回來後、尚未到D服飾店工作前，就投遞給P牌珠寶飾品的，所以現在收到找她去面試的回覆是有些驚訝。妹妹最後還是回覆了這家P牌珠寶說，會準時前往面試。

圓桌群組面試

面試是在某個平日晚間的六點多鐘，這時段坎培拉的所有購物商場都已打烊，所以P牌飾品公司就租了市區一家旅館會議室當成面試區。當時，我開車送妹妹到這家旅館外面車道時，看到一輛輛車子分別停下後，副駕駛座紛紛有人下車走進妹妹要去面試的地方，滿驚訝看到不少人陸續走進去，同時也看到一批批人陸續走出來。

面試結束後，我問妹妹：「面試過程如何？」她說：「還可以。」我問她：「怎麼會有這麼多人來？」她說：「是啊，我們一共分成三批面試時段，我之前有一組，在我這組之後還有另一組人。我們這組時段就有二十多人參加面試。媽咪，這次面試又是採用群組面試。」

她會這麼說，是她先前曾經歷過一次群組面試；那年她十五歲，應徵G連鎖義大利冰淇淋店的工作，當時那場面試長達一個半小時之久。自從那次經驗後，妹妹對群組面試就不陌生了。

妹妹接著平淡地描述：「這次P牌公司在旅館會議廳擺放了幾張小圓桌，來面試的人都被安排到不同桌次。每桌分別進行不同的任務，比方說試賣貨品給經理、包裝禮物、吸管堆築高塔等等，不過，我面試時還是慌張了點……。對了，最後每個人還拍了一張拍立得的特寫。」

我就陽光正面地回說：「沒關係啊，起碼是一個經驗嘛，每個面試都是一個珍貴的經驗，不是嗎？」

此時，妹妹似乎開懷許多並接著說：「我那張拍立得的照片應該照得不錯。」

我笑了，回她說：「本來就是嘛！那是因爲你比較上相，到時候要是真錄取了，難不成就因爲是你那張拍立得?!」我調侃她。

「要是姊姊來應徵就好了，她包禮物比我厲害。」妹妹岔開話題。

「姊姊禮物包得較好，那是因爲她已經在『時尚生活』的禮品店家工作了這麼久，才能夠兵來將擋、水來土掩，哪有人天生就熟悉包裝，就什麼都厲害的?!不要再擔心，反正到時候是怎麼樣，就是怎麼樣。有緣就做吧，這次真沒機會，那就下次再接再厲了。」我苦口婆心地說。

接到正式錄取通知

一週後，妹妹收到P牌珠寶飾品公司的回覆，是正式通知她被錄取了。

對於這個好結果，她很開心，我們也替她高興。我開懷的原因，不外乎是她經歷了從十五到十八歲的求學、打工歷程，而我陪著她一路走來，真正看到了一個青春生命平實地願意以一步一腳印方式，讓自己去接觸不同的職場與社會環境，給自己不同層面的歷練，雖然時而碰壁、時而無助，卻也時有喜悅、時有歡喜。

我不確定妹妹被P牌飾品店家錄取的原因，但我知道，性格本身不強勢、不愛現、不聒噪的她，在面試官要求她試著銷售商品給P牌飾品店的分店經理們時，鐵定表現得有些拙劣又極爲靦腆，除了她當時還對P牌飾品不夠熟悉之外，多少也反射出她的性格，她不是一個會在尚未全盤掌握與了解之下，就大膽賣力演出、大放厥詞的人。

我真心認爲，她在參加面試時，兩人合作一起蓋高塔的溝通與互動上，以及晚上的小組圓桌面試中，會占上一點點優勢。雖然不同公司想要錄取員工的性質有所不同，但我總是相信，溫和、善於觀察又有自我定見的人，可塑性相對高一些；個性強勢、愛搶功、愛搶話的人，倘若在團隊之中又過度自以爲是，有時反而容易阻礙事情，成爲與別人工作合作上的絆腳石。

◆正式成為P牌珠寶店員工的小女兒。

戴自家品牌銀飾戒指上工

教養觀察

年紀輕，不要先給自己設限，有機會多歷練就要多歷練，有機會多看就要多看，在各方面都能兼顧的情況下，當然要讓自己一試、一搏。

小女兒被北歐P牌珠寶飾品店錄取之後，需要出席員工訓練，這次職前訓練的時間正好在晚間，P牌珠寶公司在坎培拉市區租了一家四星級飯店的會議廳當作訓練場所。那段期間，家裡的另一輛車多數時候都是我在使用，所以那天下午，我就順道去學校接她過去訓練場地。妹妹下課之後匆忙從學校出來，簡單買了一些果腹的小點心，就趕緊上車趕到會場。

歷時兩、三個小時的訓練課程結束後，我和先生一道去接小女兒，只見她抱著一大袋P牌公司給的資料在等我們。

能夠兼顧就要努力一搏

她一上車就說個不停：「媽咪，P公司好有規模，資料袋裡什麼都準備好了，公司簡介、產品小冊、職員訓練手冊，還有我們該填寫的銀行帳號、身分資料、自己適合的工作時段等等。銀行帳號和身分資料都當場填好繳回，這還是我工作這麼多年，遇過最齊備、最有效率、最有組織的耶！」

我很欣慰地跟她說：「所以啊，媽咪當時不是鼓勵你可以去試試看，給自己多一個機會不是很好嗎？」她點頭，嗯了一聲。

我又說：「年紀輕，不要先給自己設限，有機會多歷練就要多歷練，有機會多看就要多看，不是要你坐二望三，不是要你一定要騎驢找馬，我知道那不是你的個性；你做每一份工作都很認真，但這個機會如果是你更早以前曾經投遞又一直感興趣想要做的，那在你認爲各方面能兼顧的情況下，當然就要讓自己一試、一搏。」

她聽到後又嗯了兩聲，然後說：「這次的聖誕短期雇用合約是三個多月，從十月中上旬到隔年一月中下旬，最忙的期間，應該會是在十一月下旬到十二月底的聖誕節期間。」這個，媽咪了解。

她又說道：「公司說，合約結束之後，會在這次聖誕期間短期雇用的所有員工中，挑選幾位合適的人選，成爲長期雇用職員。」

「好啊，真好，不過到時候再說囉，你先做看看，不管結果如何，對你都很OK的。因爲你還有D服飾店的工作，這兩份工作的性質雖然不同，但你其實是進可攻、退可守，幸運的話可以兼顧兩者，你的日常時間也應該安排得來。」我鼓勵她，也幫她分析著。

佩戴整齊上工去

回家後，她又繼續拿起那本A4大小、印刷精美的公司品牌簡介冊津津有味讀著。突然間興致盎然地跟我說：「媽咪，我覺得你可以買P牌珠寶的股票！」

我有點疑惑地看著她，這怎麼說？她很自豪地跟我說：「因爲P牌是目前全球銷售量僅次於法國C牌和美國T牌的珠寶公司，有股票上市，品牌分店遍及全球六大洲、一百多個國家，目前的銷售業績還持續成長中。」

「真有這麼厲害啊?!」我納悶地問她。其實我對P牌珠寶飾品的認識，僅止於當年我們家姊姊十六歲時，我們幫她在P牌分店中選了一個很簡單、價值約三十多元澳幣的銀質小戒指。後來姊姊十七歲時，我又跟妹妹去幫她挑了一條樣式簡單而細膩的銀項鍊，另外搭配了一個價值約三十元澳幣的小串飾當項鍊墜子。

我一直把P牌當「飾品」，過去沒想過它應該是「珠寶」類，大概我當時大多只是買一些簡單實惠的銀飾品來當小禮物吧。記得我前幾年在挑禮物時，看到這麼多的手鍊、手鐲還有數十種吊飾選項，令我眼花撩亂，而且各式各樣的手鍊、項鍊、小吊飾安全釦等等，我根本是有看沒有真的懂。只覺得，這個小小銀製戒指放置在硬殼P牌白色的小型精美禮盒裡面，再用緞帶綁上印有P牌 Logo 的白色紙袋當禮物，看起來真精美。

後來當妹妹要過十六歲生日時，我問她要不要媽咪買一個小小禮物送她，她說她不要。等到她十七歲生日時，我又問：「那媽咪買一個小手鐲給你啦？」她說：「不用，我又不戴那個。」我只好說：「好吧，那就算了。不過，我們可以去找一只小戒指。」她欣然同意。所以，她那次生日，我們真的買了一個很耐看也頗爲經濟實惠的P牌三月生日銀飾戒。

想不到，妹妹就要開始在P牌珠寶飾品店工作了。

正式上班前三週，新錄取的聖誕節短期雇用職員分別配戴上了加註「新兵」（trainee）字樣的名牌胸針。她們開始跟著資深同事學習分辨各貨品的種類樣式及名稱，學習使用身上佩戴的掌上型掃描機來點貨、找貨和選貨。

店裡的員工得佩戴上P牌的手環、戒指等首飾，那些多半是員工自己購買的飾品。妹妹初上班的前幾次，跟姊姊借了她的細緻款銀飾項鍊和小吊飾，也跟姊姊借了一只銀飾戒指，再戴上自己十七歲生日的那款生日戒，也算是佩戴整齊地去店裡開始試做。

每份工作都要「自我投資」

教養觀察

打工與職場歷練，不是讓生命在青春期就老成、超前，如果工作磨掉了青春的本性與年輕的特質，那工作對於孩子成長的意義，勢必也會大打折扣。

P牌珠寶以多樣化、個性化的手鍊及串飾著名，許多P牌的粉絲都有著一串屬於自己精心挑選出來的手鍊，上面綴串著各式各樣、琳琅滿目的可愛小飾品。在P牌工作的職員，也不例外地戴上自家的手鍊。

「工作時穿戴自家公司的飾品，在面對客戶時會更有說服力。」小女兒引述著P牌分店經理的話；而長期雇用的職員多半會自創一、兩串屬於自我風格的手鍊，若尚未擁有P牌的飾品，可在上班工作時向公司商借來佩戴。

解不開的手鍊

妹妹剛開始工作時，花了不少時間將P牌琳琅滿目的小吊飾、各式手鍊和串飾等商品搞懂，也花了一些時間練習如何打開和扣緊P牌手鍊。她說：「我曾經試了好幾次，但不知怎麼搞的，有時候我可以打得開，有時又不怎麼靈光，每次都弄得自己手忙腳亂，有些尷尬。」

雖然她衣服上佩戴著「新兵」字樣的名牌，但店裡主管多少期待著新兵們能盡早上手銷售，盡快熟悉作業流程，才能在一年中最忙碌的聖誕銷售季前順利穩健地上路，妹妹也說了：「工作時，顧客上門，我卻一問三不知，是一件很痛苦的事啊，媽咪！」

「那就加油吧！」我鼓勵她。

但妹妹像是洩了氣的皮球講述著：「手鍊，我還是不大會打開，回家後也無法繼續練習。其實，在工作時是很難一直獨自練習的，因爲有客人進門，我們就要跟著資深人員見習她們怎麼銷售，也順便跟著熟悉各類飾品擺放的位置，和了解各種飾品的特色。所以在店裡一下要忙這個、一下又要忙那個，很多業務要能同時兼顧，只有稍稍空檔才能真的在那裡練習解開手鍊。」

我突然想到：「那，媽咪去跟Jo阿姨借她的P牌銀質手鐲來給你練習好了。」

但妹妹有些無力地回覆我：「再說吧！」接著又說：「媽咪，副理說希望我下次上班就能駕輕就熟。」

「這樣吧，我們就直接買一串來試戴練習。你和P牌的合約中，有個員工價的額度可以使用，額度雖不高，但給的價格算優惠。如果我們要在合約結束前來使用這項員工福利的話，倒不如現在就先使用。」我誠心建議著。

她有點心動，但也很猶豫：「真的嗎？」

我再度鼓勵她：「當然啊，如果你要讓自己盡快熟練佩戴與解開手鍊，就乾脆自己付出，除非你還可以繼續忍受自己的不順手。」

妹妹終於同意了：「媽咪，那我下次快下班時，你來找我，先幫我看看哪些合適的手鍊。等我下班之後，你跟我一起選購。」此時的她像是找到一個解決問題的好方案。我當然是欣然同意。

母女倆的實地演練

那天，我提早在妹妹下班前去P牌店逛，看看到時候該買什麼來佩戴。走進店家，看到妹妹正好跟副理在了解飾品種類，也正在整理銀製手鐲。

她跟副理說：「這是我媽。」

可愛的副理竟說：「那你可以跟你媽練習呀。」

結果，我真的就很認真地在那兒陪妹妹練習了起來。在練習過程中，我超會鼓勵妹妹的，還意外被她的主管大大稱許。等到我們的手鍊練習完後，副理說：「那你來練習向你媽媽介紹我們的產品。」當下我也順道從頭學起，問了好多P牌各種飾品的問題，不懂之處還會一問再問，副理也適時地在一旁幫忙補充說明。

我發現，當了媽媽就是有點不同，當然「混過社會」數十年，畢竟跟剛出道不久的小女生還是有些差距的，至少不會像十七、八歲的妹妹這麼嫩。雖然她從十五歲就開始出來投履歷和真正進入職場打工，但對於自己還不熟悉的新開拓領域，不免顯得擔心、卻步與恐懼。她的卻步所呈現出的羞澀來自於自信不足，因爲未全盤弄懂，所以才未能全然掌握，恐懼自然會油然而生。

十八歲的女孩，面子還是薄了些，但我從不期待孩子要超齡、世故，反而覺得青春年少就要有青春年少的模樣，有時太早或過於老成、世故，反而不見得討喜與真誠。

打工與職場歷練，不是讓生命在青春期就老成、超前，如果工作磨掉了青春的本性與年輕的特質，那工作對於孩子成長的意義，勢必也會大打折扣。

身為母親的觀察

當時在P牌珠寶飾品店和妹妹練習的我，還會眼尖地瞄到其他同事所佩戴的串飾和手鐲，也會順道請教她們所選配的款式。妹妹的有些同事會直接秀給我看她的首飾系列，有些還好心地對我解說起來。不久之後，副理下班了，換店經理來值班，其中兩、三位員工也下班，換了另外一組人來。突然，我看到比小女兒還要更嫩、更羞澀而且一直靠在牆邊的新進聖誕期間員工。比起我家妹妹來，她這才真是惶恐，才是卻步不前。但同時，我也看到一、兩位有點社會經驗的新兵，似乎漸漸靈活自信起來。我暗自在心裡盤算著，要如何進一步鼓勵妹妹邁開腳步、自信揮灑。

當天回家之後，我和妹妹分析說，那位靠牆站的女孩對我來說，其實是滿有潛力的，雖然她現在好像膽怯又害羞，但若有人好好地、正確地帶領與引導，這樣特質的女孩反而有時候會比過度世故的員工更具有成功銷售的潛力。

妹妹開心地說：「媽咪，你的講評還真有意思耶。」這本來就是真的啊，媽咪心底真是這樣覺得。

我和她在值班結束後一個多小時，一起選了一條P牌的蛇鍊手鐲和幾顆不同樣式的串飾佩戴。在挑選串飾的過程中，我終於搞懂串飾裡的垂吊小飾品、安全釦、空間釦、安全鍊等，也弄懂了P牌飾品中的玫瑰金和其他珠寶的成分，妹妹當然也更深入了解自家品牌的門道。

工作上的投資也是一種學習與精進

我們經過那一個多小時的選購顧客角色，也歷經一起研究討論、精心挑選了她的第一串P牌手鍊和吊飾後，妹妹回家就不斷練習與上網看資料。沒多久，妹妹就完全上手了，也在接下來的年度大戲「聖誕節大促銷」期間，成了這家店既賣力又得力的銷售助手。

後來，我跟妹妹說：「沒有一份工作是完全不用『自我投資』的吧?!」

會這麼問她，無非是我了解她一開始一定捨不得花錢先買一組手鍊和吊飾，因爲她不是一個會隨便花錢「奢侈」一番的孩子。但我也深深知道，她在學業和職場上一直是一個求好心切的孩子。

我溫和地提醒妹妹：「你還記得十五歲時，爲了能順利輕鬆挖出冰淇淋而參加了高中的龍舟隊，好鍛鍊手臂，讓自己茁壯到能夠輕鬆挖冰淇淋嗎？」我也講起了不論姊姊或妹妹每當有一份新工作開始時，多少需要一點「投資」，譬如添購一、兩件上衣或褲子等，有些「投資」或許形式不同，因爲每份工作的不同需求，但幾乎都要有所準備。

比方說，姊姊在澳洲的連鎖巧克力專賣與咖啡廳工作，規定要穿黑色鞋，我們還特別和她去買了一雙黑色運動鞋。以前妹妹在果汁店上班，因爲要久站，也因爲每次果汁店上班後的鞋子多半沾滿了各式蔬果汁，我們還不是特別一起去多買了一雙鞋子換著穿，這其實都是希望她們在工作中能夠顯得更專業、更得心應手。

這是工作與職場上對自己的「投資」，如同一份工作希望你會開車，你就得自我訓練、取得駕照和駕駛經驗，以便因應職場需求；倘若工作上需要懂得不同的語文，你就得自我學習、精進與加強。

而P牌飾品店的這份工作，正好需要員工對店裡的產品有所了解和熟練穿戴，才能更有效地服務客戶、爭取好感與業績。所以，媽咪當然就鼓勵妹妹花一點小錢，先購買一份自己也喜歡的手鍊和配飾，既可有效練習，也在客戶面前顯得自信滿滿。

有時先花一些小錢的「投資」，乍看之下好似不必要的消耗，但若能把它看成是一種對自我、對職場經驗的專業「投資」，那這些花費就不再只是純粹消耗了，反而會爲個人帶來更長期的收益呢。

◆正忙著盤整貨品的妹妹。

第一天當班的大震撼

教養觀察

我必須知道，也必須讓孩子知道，白紙黑字所載明的權利義務、法律責任上的重要性，尤其當你踏入職場，要想據理力爭，起碼得清楚知道「理」在何處。

沒有一份工作是簡單的，沒有一份工總是能一路風平浪靜、無風無雨。

當小女兒從巴黎交換學習完畢回到澳洲，經過三週的沉潛之後，她順利進入了D服飾店工作；一個多月後，又通過面試跨足到北歐P牌珠寶飾品店，擔任聖誕節促銷季節的短期雇用員工。

就在我們都認爲一切看似順心如意之際，小女兒卻莫名其妙遇上一場大風浪！原本她單純地以爲只要認真盡責、做好事情，盡心盡力的工作，世界就會安然無恙，卻在她青春歲月的人生中，提早遇見錯綜複雜的職場人際關係，以及主管不當情緒下的員工管理風暴，爲此，她感受到極大的挫折。

突如其來的謾罵

第一天到P牌珠寶飾品店上班，妹妹以店裡「新兵」的角色開心當班，休息時間在商場的洗手間巧遇正在同一商場裡D服飾店上班的一位印度裔同事。這位同事看到妹妹時很高興，所以她倆聊了幾句，然後便分別返回工作崗位。印度裔同事回到D服飾店，愉悅開懷地跟店經理說在洗手間巧遇妹妹，也跟經理提及妹妹現在正在P牌飾品店工作。

那天下午，當妹妹在P牌珠寶飾品店快要下班之際，D服飾分店的女經理突如其來地走進P牌珠寶飾品的專賣店，直接來到妹妹面前大聲指責她說：「你怎麼可以來P牌珠寶飾品店工作？」妹妹極爲錯愕，當下完全不知該如何反應，P牌珠寶飾品店裡的其他員工也都愣住了。

然後這位女經理突然又說：「你知道我先前排大家輪班排得有多辛苦嗎？你知道我工作有多累嗎？如果你想要上更多的班，可以跟我說啊，我給你班，但是你幹嘛跑來這裡工作?!」

她的音量愈來愈大，情緒愈發高亢，P牌珠寶飾品的所有在場員工包括分店經理等全都看在眼裡，而且店裡還有監視錄影鏡頭，但她仍然擴大音量指控著：「你這樣有利益衝突！我要去報告地區經理！」她發飆完後轉身就走。

小女兒被這場突發的粗魯行爲以及分店經理不合邏輯的一番濫炸給震住了，這讓她感到極度的錯愕及傷感。

妹妹無法想像，她是在一間北歐所創、全球知名而且銷售在世界前三名的珠寶飾品店裡面工作，另一份工作則是一間澳洲本土經營、以中年婦女爲主要客群的服飾及鞋子專賣店，兩者全然不搭！

分店經理所謂的「利益衝突」基本上並不存在，況且妹妹既非全職也非兼職，而是以澳洲非常普遍的「非固定式」雇用員工身分從事短期工作，一週大約七至十小時的工時。所以，從哪一點、哪一處出現所謂的「利益衝突」？

在澳洲，像妹妹這樣年紀的孩子同時兼顧數職的所在多有；她在十五歲時就已經同時兼任澳洲B健康果汁店和義大利G冰淇淋店的工作，不僅同屬餐飲類型態，當時這兩家店的老闆還彼此認識，偶來還會互相分享妹妹在各自店內的勤奮工作態度，妹妹還不時會前往當初位於B健康果汁店後方的G冰淇淋店支援呢。

無端被扣上「利益衝突」大帽子

妹妹那天被那位莫名發火的D服裝店經理一陣謾罵，沒有機會爲自己辯護，只簡短提到這是她在P牌飾品店的第一天班，目前還在培訓中，本來就是要找機會跟D店經理報備一聲的，但自從前一週與P牌店確定簽訂工作合約後到今天的第一天上班，一直都沒機會和這位發火的經理同時段上班，所以才沒提及。

面對服飾店經理莫名指責與氣極敗壞謾罵之際，這是妹妹所能想到的只是先委婉解釋，當時年紀僅十八歲的她根本無法招架邏輯混淆的四十來歲中年婦女型經理的連環炮火，既不知爲何她會這樣粗魯，也不知從何招惹到「利益衝突」這頂大帽子？妹妹當場一臉遲疑、言辭窒礙，一時間還弄不清楚到底發生何事的情況下，妹妹選擇了忍氣吞聲，聽著這位原先好像頗爲器重她的D分店主管在別人店裡對她大吼小叫。

而P牌珠寶飾品的店經理在妹妹當天要下班之前，特別詢問妹妹是否還好，同時將自己私人的手機號碼給了妹妹，要妹妹明天一定要給她打電話，因爲她必須知道這位D服飾店經理是否還有任何後續動作。這位P牌珠寶飾品的主管完全明白妹妹深受委屈，所以跟妹妹強調說：「要是真的有任何事情發生，我們P牌珠寶飾品一定會優先選擇長期雇用你。」

妹妹當下聽到這段「安慰」式的談話並沒有當真，畢竟P牌珠寶飾品店的聖誕節銷售季短期雇用合約結束之後，是否真能被留下來成爲正式長期雇用的員工，絕對不是這麼簡單就能決定的。不過妹妹說，當時P牌珠寶飾品店主管忿忿不平地說，如果這位D服飾店經理再以粗魯無禮的態度走進她們店裡，並且對她們的員工不禮貌謾罵的話，她們一定會採取行動的。

職場中的「理」

其實妹妹上班的那一天，本來是姊姊要開車去接妹妹下班，但姊姊有事耽誤了。妹妹等待期間，打了電話給男朋友，男友知道她受了委屈，就即刻趕去P牌珠寶飾品店面所在的購物中心接她下班。而妹妹是在下了班之後打電話給我，哽咽敘述剛才發生的這起風波，我才知道她經歷了讓她情緒劇烈起伏的大事。

那是一個我正好在家的週六傍晚，所以趕緊詢問妹妹D服飾店的職雇員工網站，好盡快了解他們人事單位的相關規定，以及雇用合約條款有關「利益衝突」等內容。

這些年來，妹妹歷經了不同職場的工作轉換，每一份工作都有員工網站，網站上多半會有各項勞資關係與職場工作規範資料，妹妹也逐漸學會自己打點一切。

隨後我想起，妹妹曾在我書桌上留下D服飾店的員工網站資料，我趕緊打電話跟妹妹確認後，快速登入去查看是否有任何可參照的條文範例等等，也在我們書房找出了妹妹當初和這家服飾店所簽的雇用工作合約，猛讀合約中的職員條款。此時此刻，我唯一能做的，就是協助妹妹以「有憑有據」的方式站穩立場，不被莫名其妙地戴上那位店經理聲稱的「利益衝突」大帽子。

我必須知道，也必須讓孩子知道，白紙黑字所載明的權利義務、法律責任上的重要性，尤其當你踏入職場，要想據理力爭，起碼得清楚知道「理」在何處。如果真是我們家妹妹有疏失，我們就幫著她清楚找到負責之處；但假若發現妹妹其實並沒有錯，而是服飾店經理失去理性、邏輯顛倒了，那我們也要協助妹妹「於法有據」，進而理直氣壯地和D服飾店直接面對面處理後續的事情！

我即刻找到了D服飾店員工的「利益衝突」條款內容，讀完後果然放下心中所有疑慮，趕緊拿手機拍下所看到的條例，並且即刻傳給妹妹。

妹妹收到後，打電話跟我說了一句話：「媽咪，謝謝你。」

這讓她知道該如何處理，事情也就繼續鋪陳下去；雖然一切不可能變得更爲順利與美好，但起碼沒有變得更糟。

不要隨便辭職

教養觀察

十八歲雖然不算大，但在澳洲已經是成年人，必須自己負起成年人應有的擔當與責任。父母所應該做的、所能做的，就是給予精神和實質上的支持，以及憑藉社會經驗所能提供的諮商與研究。

姊姊聽說了妹妹的遭遇，直接就說：「辭職，不要做了！」而妹妹當時在極度氣餒的傷感情緒下，確實想過乾脆直接放棄D服飾店的工作。

我問妹妹：「爲什麼想要放棄？」

在一旁聽到的姊姊插話說：「太欺負人啊！太過分了！」

我同意，那位D服飾店經理真的是過分、是離譜、是沒有專業道德、是少了些基本待人處事素養。一位負責管理經營的分店經理，本來可以好好選擇質疑員工行爲的方式，真的有很多種，但她選擇了一個邏輯顛倒、自曝其短、讓自己員工和其他店家的人看她笑話的衝動方式，也讓受到語言傷害的員工再也無法聽命於她，難以繼續與她共事下去。

姊姊的男朋友聽聞此事之後也很生氣，妹妹的男朋友當然也很憤怒，姊妹倆的男朋友都正就讀法律系，也和她們一樣研修雙學位，所以一看到我傳過去有關妹妹在D服飾店雇用合約的「利益衝突」條款內容之後，兩位男生都對於D分店經理的粗魯言行直呼離譜、不可思議！

一個已經做到分店經理的人，因自己不專業而爆發出情緒化的言行，不僅忘了「情緒」不代表可以不遵循法令，「情緒」不代表可以任意解讀雇用合約的條款，沒有先行搞懂法條內容與精神、未充分了解員工的權益義務，就任意選擇以自己所認定的標準，直接氣急敗壞地去指控員工，把「利益衝突」的大帽子直接扣在員工頭上，而且是很搞笑地衝進別人的店裡亂發脾氣。

情緒化，無法使任何說出口的話還能理直氣壯、站得住腳。情緒化的所作所爲，只會讓原本應該專業的人，失去了專業的基本風範與尊嚴。很顯然，那位店經理自己挖了個坑，還跳進去自認爲理所當然！

我很慎重地跟妹妹說：「整件事情沒有完全釐清之前不要輕言辭職，這樣只會助長不專業的主管，以爲她是對的，然後繼續以這種不專業的方式去『霸凌』其他新手或是年輕小員工！」

讓孩子負起應有的擔當與責任

那天晚上，我和先生以及妹妹三人分別專注於電腦前，各自上網去查詢了更多澳洲勞資關係和雇用合約內容、法條等等，盡力充分了解更多澳洲職場中所謂「不恰當語言與行爲」的定義，當然也查出了D服飾店官網上的員工申訴管道聯絡方式。

妹妹靜下心來，主動找了她大學裡的法律扶助服務，以及類似公設辯護律師協助等等，自己也寫了封信和他們約時間洽談，請求就這件事情提供有關雇用合約與條文內容的解讀服務。

我將所有D服飾總公司網站上應如何對待員工等等的各項條款，以及員工認爲職場中發生的不對等關係狀況都列印出來，不僅自己看了幾遍，也請先生一同來讀。

我們想到幾種方法，一是可以選擇直接透過員工申訴管道一狀告到總公司，也可以選擇讓妹妹先從店裡做些溝通，或是到更高一階、先前決定雇用妹妹的D服飾區域經理那裡去報備此事。

最後，我們和妹妹並沒有選擇直接向總公司或區域經理告狀，主要原因是我們認爲這應該是分店經理當下的情緒性、不理智行爲，倘若她接下來還發生任何對妹妹不客氣或無理行爲與要求，我們一定會採取反制行動；再者，要不要告到總公司，還是必須由妹妹自己做決定，因爲這份工作是妹妹的，雇用合約是她簽的，十八歲雖然在我們看來不算大，但在澳洲已經是成年人，她必須自己負起成年人應有的擔當與責任。

我們父母所應該做的、所能做的，就是給她精神上和實質上的支持，以及憑藉社會經驗所能提供的諮商與研究。在她需要情緒撫慰之時，給予最大的支持與愛護，在她面臨困惑與衝擊之時，給予適當的解惑。

妹妹就這樣懷揣著不安情緒，繼續在D服飾店上班。隔一週某天，妹妹正好與那位衝到P牌飾品店謾罵的D分店女經理同時段上班，這家服飾店一般就是兩個人當班，所以兩人就這麼共處了幾小時。

妹妹一回到家就說：「奇怪了，分店經理好像完全忘記自己曾經情緒化、脫軌地去P牌珠寶飾品店對我大聲吼叫耶?!」

我也覺得很詭異，問妹妹說：「那經理今天對你都還好嗎？」

妹妹還是有點疑惑地說：「很好啊，跟以前一樣，好像什麼事情都沒發生過似的。」

站穩自己的立場

但那件事發生之後連續幾天，妹妹的情緒被攪擾得很厲害，我們也爲她擔憂，結果卻見這位分店經理竟然跟沒事兒一樣，是她忘了嗎？是故意裝作沒發生嗎？還是認定她自己言之成理，而妹妹不會怎麼樣呢？我試著分析給妹妹聽，或許她真是一時情緒失控，也或許她去問了地區經理，可能發現自己的認知有誤，根本無所謂的「利益衝突」這碼子事，所以乾脆就裝作沒發生過這檔事？

妹妹因爲與大學裡的法律扶助諮詢約了時間，所以她還是利用大學課堂間的空檔，如期赴約去了解職場與勞資法律內容。妹妹與諮詢律師談完之後，心情好多了，她開心地打電話跟我說：「媽咪，你是對的！」

我很好奇地問：「怎麼說？」

妹妹回答說，律師給出的建議和我分析的一模一樣。

我笑著回她：「早知道，媽咪就應該轉行囉！」

但我話鋒一轉就跟妹妹說：「媽咪好歹也『混過』職場，有些社會歷練經驗，也有點邏輯，簡單研究就得出了八九不離十的初步結論，還好也跟法律扶助諮詢的看法一致。但假若我當時直接跟你說要怎麼做，在傷心、氣頭上的你不見得聽得下去。年輕的你們，可能氣憤之下一心只想辭職，想要眼不見爲淨、自己吃點虧就算了。但只要能證明自己沒錯，而且找到法律規範、雇用合約內容都能支持自己站穩立場，其實並不需要魯莽衝動到去辭職啊。」

我對妹妹說，就當它是個磨練吧，雖然這次的磨練還滿傷人的。它是在毫無預警的情況下傷了你的自尊心，產生極其無謂的挫折感。這些媽咪都懂，也都了解現實社會是滿可能隨時隨地發生類似個案，但如果你這樣一經衝擊就喊辭職，對你反而不見得公平，也不見得能在這家服飾店找回尊重與「公道」。

一來，這會讓原本就不厚道的主管說：「你們看，她被我指責得待不下去了吧！」二來，你的心中將永遠會有個障礙，是那種自尊被人無理踐踏、莫名其妙的障礙，如果沒有試著去面對、處理、超越，就直接選擇避開、放棄，那這件事所留下的心理障礙將會成為你心中永遠的痛，這又何苦呢？

如果我們去面對、處理，雖然結果最後也可能因為要顧及每個人的面子，而可能被迫要各退讓一步，或許還是會讓你不會很開心，但我鼓勵你要去向主管或甚至向總公司表達自己的想法，釐清整件事情，不能讓那位店經理的一面之詞扭曲了事實。我們一定要盡人事之後，才能聽天命。用盡了各種管道，最後你再來決定去留都行。

孩子必須學習的人生功課

大學裡的法律扶助服務律師建議說，妹妹應該去稟告更高一階的區經理，把這件事情做一個報備，讓區經理知悉那位店經理當時的言行，也把此事的來龍去脈以書面形式送交區經理備查，並且表達自己有受冤枉、無理受挫的申訴立場。

該週的週六下午，我和先生陪著妹妹一起到坎培拉市中心商場的D分店去找區域經理；妹妹事先打電話詢問了區經理是否在店裡後，就獨自進入店家去找她陳述事件的經過與中訴立場。

我和先生在店外等候，兩人心底多少有些忐忑不安，因爲這位雇用妹妹、年約五十歲的地區經理在人生閱歷和管理經驗上都比較豐富，十八歲的妹妹到底能說得多清楚、能多麼理直氣壯，我們一點把握也沒有，但這一切，還是得由已經成年的妹妹自己去面對。至於地區經理聽聞之後的處理方式，以及最後決定如何處置、結果如何、是好或不好，都將是妹妹要繼續面對、繼續學習的人生功課。

妹妹談完之後，找到了正在附近逛大街的我和先生，我急忙問情況如何。

妹妹直接說：「地區經理說她知道這件事。」

「哦，真的啊？」

妹妹又說：「但地區經理並不知道分店經理是直接走進P牌的店裡去找我，這部分，分店經理根本沒有說。」

妹妹當然也問了地區經理，她去P牌珠寶飾品店兼職是否有利益衝突之處？地區經理很肯定地答覆說：完全沒有！

妹妹接著說：「然後區經理跟我建議，如果我還是很在意這件事，她想把我直接調來市中心的D服飾總店，問我願不願意？我當然說，願意過來。」

「那很好啊！」我即刻說了。但妹妹還是悶悶不樂，就又問她：「怎麼了？」

她有點不以爲然地說：「可是地區經理還是說了一句：你還是應該先跟我們說一聲。」

妹妹對這樣的想法很不以爲然，第一，她本來就是會跟店經理提的；第二，妹妹認爲店經理不專業咬定「利益衝突」在先，連說聲道歉都沒有，現在還想來反咬她！

我安慰妹妹：「她當然要這麼說，這是維護自己和公司的形象，或許她們很怕你一狀告到總公司去，所以要讓你覺得還是有小小理虧之處；這也正是媽咪最早想過的，到最後可能大家都要選擇是否各退讓一步。當然，你能不能接受、需不需要接受，完全要看情況，也就是要看她們處理整件事情的態度，和對待你的方式等等。」

年紀輕輕之際，在面對權利不對等的「大人」主管，反駁力與自信心多少顯得薄弱，論述與邏輯能力也可能因經驗和恐懼而遲滯。等到再多成長幾歲，擁有了更多的社會歷練與掌握職場規範之後，才有機會更具信心地跟資深年長的主管以更有邏輯、更清晰的方式去就事論事，並請他們拿出正確的法條來解釋。

假若對方的決定或職場環境確實混亂不清，申訴求助的結果真不如你意，但經過持續不斷溝通之後，最終選擇接受先改調任其他分店，還是應該可以寫封「曉以大義」的信函跟他們說明立場，譬如：「或許這件事對大家來說是一個不必要的誤解，我很高興目前大家都將誤解釐清了。但請公司日後可先在雇用合約的條文裡做更清楚的說明，以免再發生類似主管人員隨興解讀權利義務關係的情形，不僅造成同仁彼此之間的誤解，也影響大家的工作士氣，消耗公司的人力。」

把事情說清楚，不任人隨意斷章取義地只講一面之詞，把自身承受的事實經過和申訴立場除了以口頭講出來外，更以白紙黑字寫下，讓公司更高主管均衡掌握事實內容，據以判斷孰對孰錯之後再決定解決之道。

妹妹在「雖不滿意，但願意接受」地區經理的解決方案之後，同意改調到地區經理直接管轄的市中心D服飾總店工作。這件事暫時平息下來，妹妹的委屈情緒雖還有著小小的餘波蕩漾，但也相對較釋懷了。

沒有誠意的道歉

教養觀察

權利義務都界定清楚的時候，就讓白紙黑字說話，不接受任意曲解，不卑不亢地站穩立場，有節有度地陳述事實，在各方都能找到退讓之道的情況下，選擇對自己最適合的解決方案。

小女兒在和地區經理談過之後，就準備調往市中心的D服飾總店。

但隔週的星期一，她卻突然接到了原先工作那家南區W分店經理的來電，這位先前闖入P牌珠寶飾品店謾罵妹妹的經理，在事隔兩週之後，竟然第一次直接打電話給妹妹。

分店經理來電，先確認妹妹要調到市中心的總店，她對於地區經理與妹妹的這個決定，似乎有些驚訝。

妹妹回答說：「是的，我自願調過去。」

這時分店經理突然說了：「你也知道嘛，我這個人講話本來就比較大聲，不像你個性溫和，講起話來總是輕聲細語，我當天並沒有真的在罵你啊，我就是講話大聲了點。」

此時，妹妹的眼淚開始不自主地落下來，每當分店經理在電話裡爲自己當時的行爲多辯護一句，妹妹就哭得更加難過。

分店經理接著又說：「好啦，如果我的大音量對你造成傷害，那我就跟你說聲抱歉。但我真的不是要兇你。」

妹妹繼續哭著。最後分店經理說了句：「不過我覺得你還是應該先跟我說一聲。」她再這麼一講述，處於電話另端的妹妹已經泣不成聲。

我看著身穿P牌珠寶飾品的黑色制服、半小時後就得準時到P牌店當班的妹妹，在接獲D分店經理的這通電話後，整個人淚流滿面、傷心不已，情緒已被攪擾到不行！

但該上的班還是得去。當天，我開車送妹妹去上班，她一路哭到車子抵達工作地的購物中心，我問她是否還好？這樣能上班嗎？她拿著面紙擦拭滿臉的眼淚鼻涕，胸口一再上下起伏著，不時還喘了好幾口氣，但最後點了點頭，她知道自己還是得準時去上班。

在開車的路上，妹妹邊哭邊說：「我無法感受到分店經理的歉意，雖然她說了抱歉，但她講的抱歉是，如果這對你造成傷害，那我跟你說聲抱歉。這根本毫無誠意，顯示她並不覺得自己有任何失誤。讓我最受傷的是她最後又補上的那句：你應該先跟我說一聲。」

我跟妹妹分析說，其實她今天打這通電話來，除了一方面要確定你是否真要轉調至D市中心總店外，另一方面應該是地區經理恐怕已經跟她談過這件事了。因爲你上週六去向地區經理報備，地區經理知道這位分店經理有所隱瞞，選擇性未透露自己居然衝去P牌珠寶飾品店裡大聲質詢你。所以，她必須打這通電話來，說了這麼一堆還加上一句道歉，就是爲了避免日後萬一總公司要追究責任時，她可以自圓其說地撇清責任。

妹妹心裡多少還是忿忿不平，雖然她似乎也認同我的分析，但她依舊十分感傷與氣餒。

印度法律研究生的職場思維

那次事件後，在妹妹還沒正式轉調到市中心D服飾總店之前，有一次她到原先工作的南區分店上班，正好和事件發生當天的那一位印度裔同事同時段當班，她就是當時向分店經理說妹妹在P牌珠寶飾品上班的印度女生。

這位印度女同事很不好意思地對妹妹說：「真的很對不起，我完全不知道我們分店經理居然會有那樣的反應。」

妹妹平靜地說：「沒事，沒關係。」然後妹妹拿出了我和先生一起找出來的D服飾店員工合約書裡載明的「利益衝突」法規內容給這位印度同事看。

想不到這女孩看了之後，即刻跟妹妹說：「你趕快把這收起來。」

妹妹問：「爲什麼？」

印度女孩說：「不然店經理又要生氣了。」

妹妹奇怪地問：「她又要怎麼生氣呢？我們又沒有錯！依照法條，我一絲一毫都沒有觸犯到她所指控的任何『利益衝突』罪名啊！」

「我還是覺得你不要讓分店經理看到，這樣起碼你可以保住這份工作。」印度女孩這麼說著。

這是事件之後小女兒第一次當班，她完全被這位印度裔同事給打敗了，她不能理解這位年紀比她大、已經就讀碩士研究生的女孩，竟然無法就事論事地討論澳洲公司雇用合約裡的基本條文內容，反而把一些亞洲國家在職場上的傳統鄉愿思維，直接套用在澳洲這樣一個勞資關係權利義務都清晰寫下來的西方職場中！

妹妹心想，難不成分店經理就以為我們會委曲求全？妹妹非常不能理解這位先前合作愉快、人也很客氣的印度女孩思維。妹妹跟我說，虧她在印度還是讀法律的，這樣豈不是白念了？

一句「經理會生氣」，再加一句「起碼你可以保住工作」，讓妹妹打從心底尖叫：「天啊，這裡不是印度，不是傳統保守的亞洲國家。你要是真的去讀了澳洲的勞工法，鐵定會大開眼界。」

職場經驗的重要一課

因為這次的不合理衝擊事件，讓我和妹妹有機會接觸到澳洲的勞工法令與勞工權益，我還玩笑似地跟我家先生說：「依照澳洲這樣的標準和這些條款來一一檢視，你們所處的亞洲職場中，不合格、不適任的主管實在多到數不清了。」

我後來跟妹妹討論過這位印度女孩的反應，以及她腦中的基本思維，我分析給妹妹聽，其實人是很難脫離成長環境裡所形塑出的思維與框架。即便真想要脫胎換骨，恐怕也需要一段很長的時間，與一再經歷真實的文化衝擊，再加上自己真正願意去改變才有機會。

我常笑稱，就像爸爸的工作崗位上，有人就是三不五時喜歡亂罵人，有道理沒道理都一陣亂罵，可是罵完人之後自己也不大記得，更不覺得自己有錯，還要求大家繼續對他們畢恭畢敬。這些仗著職位高低來欺壓下屬聽命於他們的管理方式，是許多亞洲職場中一種根深柢固的詭異文化與畸形思維。

我希望妹妹能體諒印度女孩的成長背景，妹妹說她當然知道也能夠理解，只是身為事件當事人的她，對於印度女同事的說話和反應方式，當下確實難以釋懷，也感到十分詫異與可惜。

我知道妹妹的個性，也知道我們在養成孩子的這些年來，孩子自我培養出了什麼樣的待人處事觀念。妹妹總認為，人都有人格與尊嚴，不是能隨意讓人踐踏的。當然，她也相當明白，人要獲得尊重，一定要認真、專業並潔身自愛。因此，她無法接受他人肆意謾罵、無憑無據的指控。

妹妹後來持續在D服飾店的市中心總店工作，一直到隔年一月底，也就是她大二開學前的南半球暑假，即將和我出發到美國前的一、兩週，才正式辭去工作而告一段落。

這段D服飾店的工作歷程，可以說是她十五歲開始打工以來，所遇到最委屈也最莫名其妙的職場經驗，但也因此教導了我們一件事：權利義務都界定清楚的時候，就讓白紙黑字說話，不接受任意曲解，不卑不亢地站穩立場，有節有度地陳述事實，在各方都能找到退讓之道的情況下，選擇對自己最適合的解決方案。

瘋狂聖誕銷售季

教養觀察

能掌握現有工作，可以說是一種福氣。

十二月是南半球的盛夏時節，不僅是學生的暑假，許多店家聖誕銷售的熱季也開始了。

P牌珠寶飾品一年中最火熱的銷售時段，是十二月間的聖誕季採購，但從十一月底就已經開始有多樣化的促銷活動。其中特製的滿額贈禮，是一只聖誕特色銀製手鐲，所以銷售季開始沒多久，就湧進了必須排隊才能選購的人潮。

小女兒在P牌珠寶飾品店的聖誕節銷售期間班表，要比平日多出三倍，因爲這是一年之中三場重要銷售戰大秀中的壓軸戲。相對於其他兩場，也就是情人節與母親節，聖誕節採購在西方國家可說是真正的全民運動，總得張羅家族至親一齊上場，才能採購完備的禮品。

每逢P牌飾品店有贈品活動的季節，店裡的人潮進出就會突然倍增，當然，不能免俗地，

◆2016 年，妹妹開始在 P 牌珠寶店工作，她經歷了人潮蜂擁而至的聖誕節購物熱潮。

也會冒出比平日多上好幾倍的中國大陸客人，他們有的會從早到晚不斷進出店內，其中一些人會直接拿起手機用視訊跟中國大陸友人聯繫商量。澳洲目前有許多來自中國大陸的學生或居民在從事代購工作，P牌珠寶飾品也正是風行大陸地區重要的代購商品之一。

P牌珠寶飾品能成爲中國大陸代購商或個體戶「必買」的非民生貨品之一，在聖誕節期間的店面熱鬧程度，可以想見。但是從未見過如此大規模採購人潮陣仗的妹妹，在聖誕贈品的手鐲促銷開始的前一、兩天，就見識到蜂擁採購客群的威力。

妹妹見過許許多多客人在前幾天就先來看準想要搶購的商品，幾天內，就已讓她遇見各式各樣的大陸買家，其中不少更以「系統化」的標示方式，在商品型錄上黏貼記號；還有的將某些特定網頁列印出來，將所要購買的貨品紛紛標寫好，同時在店內與中國大陸訂購的買家一再用手機連線視訊直播確定。

自信，來自於真正的磨練

聖誕節銷售期間的班表時數比較長，工作天數也增加許多，好幾度妹妹都說快要累爆、快撐不住了。店裡一位跟女兒們同一所大學的澳洲女同事，也不免要跟她家人抱怨工作實在太疲累，但她媽媽安慰說：「這又不是常態，等銷售季節一過，即使你想要那麼多班也不可能囉，到時候店裡每一週所能給你的時數也很有限，就撐著點吧。」

我心有同感地對妹妹說：「這不也正是媽咪跟你說的嗎？能掌握現有工作，可以說是一種福氣，加油吧！你一定可以度過的！」

那幾週的時間，妹妹幾乎每天得趕著去上一早九點鐘開始的全天班，但歷經過這一場最「瘋狂」的聖誕銷售熱季之後，妹妹有感而發地說：「媽咪，我發現自己功力大增了。」

我好奇地問：「怎麼說？」

她開心地述說：「我現在對各種貨品都瞭若指掌，各種產品的熟悉度與認知都增加好多，知道如何建議客人搭配恰當的吊飾組合。現在我只要一看目錄，大概就知道店裡還有沒有存貨，也更清楚知道要如何面對客人、銷售與各項雜事等等。」妹妹如此說著，我則邊聽邊猛點頭。

聖誕季節過後，有一天妹妹又跟我說了：「還好，我經驗了那段最忙碌的期間，現在的我，感覺已經不再是個菜鳥了！」她的自信，來自於真正的磨練。

長期員工角逐戰

在聖誕銷售合約結束前三週，P牌飾品公司開放讓這批聖誕節短期雇用的員工們申請成爲公司的長期員工，因爲名額有限，所以會依照這三個多月的工作成績表現、銷售成果、個人工作潛能、能否與群體合作等等多方考量，來決定最後是否能錄取。

這一段時間的妹妹對自己有了相當的信心，她陸續發現自己的更多潛能：個性溫和、講話輕聲細語，而且一點都不顯得強勢推銷的她，常常會有客人想再回頭找她，不論是亞洲人或澳洲白人或其他族裔的澳洲客人，都經常能和她融洽相處，取得合適的飾品組合建議。

她的銷售成績在剛剛一開始並不是最好的，卻穩穩地節節攀升，相對於這一批新進員工，有的人一遇到客人多起來就會藉口躲進廁所，有的則一遇到事來就千方百計閃躲，妹妹的工作態度應該算是敬業樂群、可圈可點。但她是不是能夠被長期錄用，或許永遠有著不同因素的考量，一切隨緣吧！我們對她說，盡心盡力，然後就是靜候結果了。

隔年一月初，妹妹收到了P牌珠寶飾品公司傳來的「好消息」，恭喜她被錄取成爲P牌的長期員工。她好開心，因爲這不是一起工作過的員工都被繼續錄取，所以公司請她在工作時暫時不要提及，等大家在一月中下旬的聖誕銷售季節短期雇用合約結束之後再說。

妹妹後來發現，她這次是從多位聖誕合約的員工中被錄取留下來繼續工作的兩位之一，她一方面非常喜悅，一方面也覺得自己很幸運。

悲喜交加的精彩工作體驗

回想起她這段P牌公司工作時間不算太長，卻真像是洗三溫暖一樣的四個月，從當初應試到培訓，從「新兵」當班到第一天上班就碰到另一份工作的服飾店經理來P牌店裡莫名其妙地訓她一頓。

所以滿肚子委屈加上滿臉淚水的初期階段，以及一開始根本搞不清楚這些百種、多樣的吊飾與手鍊等等，加上工作訓練又頻頻打不開手鐲的小小挫折，讓她忐忑不安地開始面對客人蜂擁而至、棘手複雜的聖誕銷售熱季；那一段時間因應人馬雜沓、專做代購的中國大陸客人，更是再特殊不過的經驗。但P牌珠寶飾品店門庭若市的現場銷售，卻也成爲妹妹迄今最具挑戰性、可也是最能鍛鍊信心的工作要求了。

小女兒這次一開始不順心，也不大如意，但後來倒真的是漸入佳境的求職、任職到繼續留用的資歷，對她十八歲、未滿十九歲的人生階段，彌足珍貴。

度過這一段段精彩不已的工作經驗之後，有一天，她自然而然地跟我說了：「媽咪，我還是把D服飾店的工作辭掉吧！」

第三話

身兼數職的學生生活

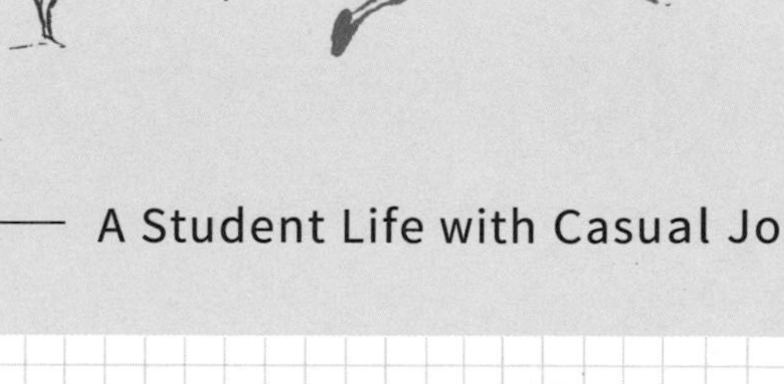

A Student Life with Casual Jobs

兼差大學行政助理

教養觀察

小女兒高中時期曾經自己申請到大學研究機構當了一週的見習生，一年後，研究機構來信邀請小女兒，提到了當年妹妹在他們單位見習時的工作態度。妹妹非常樂意接受這份差事，她的職場人生旅途，再度進入了一個全新的階段。

二〇一六年的十二月，小女兒又意外地收到另外一份工作的邀約。

這是她所就讀大學裡的某一個研究機構，因爲需要找人做龐雜的資料登錄，以及更新近期網頁活動與資料，所以急需一位臨時行政助理。這機構的專案主管詢問妹妹，是否有意願在一月份的暑假期間來辦公室工作三週，每週工作時數約十至十二小時。

研究機構的再度工作邀約

小女兒先前在高中時期，曾經自己申請到這個研究單位當了一週的見習生，當時她的工作態度應該非常認真、賣力，所以單位裡的職員既開心又開玩笑似地跟她說：「你不要做這麼快嘛！只用了兩天時間，就把我們交付給你而且預期要花上五天的工作都完成了。這下子，我們可得再來思考一下，手上還有哪些其他工作可以再請你協助處理。」

那一週的見習工作讓妹妹在這研究機構幫忙處理了不少事，從行政性質的資料整理到財務支出單據的逐一登記，從文字資料輸入電腦到活動邀請卡設計，還幫忙研究中心主管分類整理他累積多年的厚重研究資料與報刊。

當時就讀高中十二年級的小女兒在見習結束的那天下午，接到這單位主管和幾位同事的邀請，一起到附近巧克力店喝茶、吃糕點；單位同仁們合寫了一張卡片、買了一份小禮物給妹妹，誠摯感謝她這一個禮拜以來盡心盡力地做了那麼多工作。

這家研究機構來信邀請小女兒去幫忙的信函中，提到了當年妹妹在他們單位見習時的工作態度，信裡說到：「我們非常高興你上次來我們這裡見習，我們看重的是你專注仔細、勤勉不懈和完成工作的能力，所以認爲值得再來邀請，不知你的意願如何？雖然我們了解你目前有兩份非全職的工作，但我們這裡的工作時間很彈性，可依照你的其他班表和空檔時間來安排。我們想，應該可以和你一起排出適當的時間。」

妹妹非常樂意接受這份邀約，而且這份工作來的時間點還真巧，因爲P牌珠寶飾品店在過了前一年十二月的聖誕銷售熱季之後，隔年一月份的班表時數就恢復正常，一週大概就是七、八個小時不等的班表時數。另外，暫時還保留的D服飾店也差不多回復到一週十小時不等。

但這個月，妹妹和姊姊已經一起報名了法國文化中心爲期三週的密集法文課，上課時間是晚上。所以妹妹當下面臨的挑戰，不是這份額外的研究機構工作好不好做，而是她在白天打完工之後，還得在週一至週四晚間去上三小時的法文課，再擠出時間把法文中心的課業好好完成。

辭職與新職

妹妹在答應研究機構的短期行政助理工作後，單位要妹妹再傳送一份履歷表過去，以依照聘雇程序來完成各項作業。因爲這份工作的聘雇者是大學本身，具有大學某行政職級，也由大學支薪，所以當這單位確定要聘雇她之後，大學裡的人事單位就主動與妹妹聯繫，需要她去行政處提供更多的個人基本資料，也就是程序上一切都要完備才能開始正式工作。

行政助理的工作內容，不論是大量的資料登錄或忙碌的網頁更新與設計等等，對妹妹而言好像都能得心應手。很快地，一月底到來，妹妹結束了研究機構三週愉悅的工作；緊接著二月間，我和她們姊妹倆要一起去一趟美國，姊姊隨後在美國待了大半年當交換學生，而我和妹妹則在她大二開學之前回到澳洲。

出發到美國之前，研究機構再度詢問妹妹，開學之後她是否有意願繼續在那裡工作？因爲機構還是有不少事情需要她幫忙。所以一月底，妹妹又很意外卻十分開心地確認接受這份助理工作，此時正好也是她將D服飾店的工作結束之際。

我問她：「你這次確定要辭掉D服飾店工作了？」

她說：「是的。」

說實在話，自從妹妹莫名其妙地歷經D分店經理謾罵事件之後，她對這份工作比較會有雞蛋裡挑骨頭的不滿情緒，比方說，她覺得公司的排班表每次都e化得不夠徹底，每週還得再核對一次店裡張貼出來的「手寫」班表，這是她之前所有工作裡從沒遇過的；又比方說，每隔幾天，店裡就會湧進一堆又一堆的鞋子，過不久之後又要開始銷售折扣，這總讓她覺得不夠環保又很浪費等等。總之，D服飾店讓她不太舒服的小事不間斷。

「那你打算怎麼跟服飾店的地區經理說要辭職的事呢？」我問她。

「我會說，現在我又有另一份在大學裡的行政助理工作了。」她說。

我回她：「你確定?!可是那一份行政助理的工作只有三週耶，以後又不一定會再有？」

但妹妹想了想就告訴我：「我這樣告訴地區經理，才比較好辭職啊！」

她竟想運用「善意的謊言」。我溫和地說：「就聽你的吧，你自己決定就好了！」

當時，妹妹壓根不知道大學研究機構的行政助理工作會長期延續下去，只因爲二月份要去美國兩週多，所以乾脆在一月初跟D服飾店提出辭呈，並說明會做到她去美國的前夕。

小女兒去美國前，果真結束了D服飾店的工作，也確定開學以後要去研究機構做行政助理，同時兼顧P牌珠寶飾品的工作。她的職場人生旅程，再度進入了一個全新的階段。

◆妹妹在大學擔任行政助理。

努力工作，為的是更多的學習旅程

教養觀察

孩子絕對不需要為了取得表面上的榮譽與虛榮，而扭曲自己去討好父母，更不需要應付爸媽的要求，而表面上假裝、敷衍。「動力」只有自然而生、自動發起，才能成為孩子生命中自我掌握的一部分。

長達三個月的澳洲大學暑假期間，小女兒很認真地打工，她擔任了北歐P牌珠寶飾品店的聖誕銷售熱季短期雇用人員，體驗到澳洲最忙碌聖誕季的瘋狂購物人潮。但這期間她曾經匆匆來去台灣八、九天，然後趕緊回到坎培拉來繼續工作。

工作，對妹妹來說，是一種已經成爲「責任」的生活習慣。她總覺得自己長大了，就要走出去、靠自己，其實這也是許許多多澳洲年輕人的想法，覺得應該去賺取、負擔自己平日的雜支，同時爲自己所設定的出外學習之旅存下一點一滴的基金；當然，也有更充分的理由，拿著自己賺取的經費去旅行。

今年二月初，姊姊要去美國東岸進行為期一學期的交換學習，我和妹妹靈機一動，也規畫和姊姊一同前往。二月份是南半球的暑假，卻是美國東岸的嚴冬。第一次到美東旅行的妹妹很興奮，不管紐約再冷冽、波士頓再酷寒，她能用自己賺到的旅費飛越南半球到美國，靠自己掙來的錢展開這段旅程；她怎麼看，都覺得太值得了，她再怎麼玩，都會印象特別深刻，當然也就會特別珍惜。

事實上，自從家裡的兩個女兒陸續開始打工之後，所有她們出外旅行的機票費、交通旅費等等都由她們自己支付，即使飛回台灣和飛去美國之行也不例外。

愈忙碌，對自己愈有信心

大二上學期的妹妹，除了在P牌珠寶飾品店和所屬大學的行政助理兩份工作之外，在新學期開學後沒多久，竟然很意外地又接獲一位同事所引介的工作。這份工作是平日下午四點半，開車到幼兒園去接當時還不滿三歲的金髮藍眼澳洲小女孩里莎下課，送她回家，再陪她到晚間約六點半，直到她的父母親下班回家為止。但重要的是，妹妹必須在這兩個小時裡全程和她講中文，也就是當她的中文「保母」。

妹妹一旦接受這份工作，就等同有了「三份半」的打工要忙。我當時其實不那麼確定她是否能勝任愉快，也不知道她能否將時間分配安排得妥當；她不是一個可以勉強自己做不喜愛事情的孩子，只要她真心要做的，大家是無法阻攔的，這是她的性格特質。我多是尊重她的決定與選擇，而她要是真遇到困難，我們隨時可以討論與調整。

妹妹三份半工作中的「半份」，是從二月到七月間接替到美國當交換生的姊姊，去幫忙教兩位小學生姊弟彈鋼琴，每週課程一小時。

◆由於姊姊要前往美國交換學生半年，所以由妹妹代課，那一天，姊妹倆一同教導朋友的女兒彈鋼琴。

妹妹跟我分享了她的想法，去當里莎的中文保母以及教兩位小學生鋼琴，兩者都是可以讓她重新檢視與思考自己成長過程的好機會。我原本以爲，妹妹或許並不樂意去幫忙姊姊代課教鋼琴，沒想到她不僅欣然同意，代課期間也教得很起勁。每次上完課，總會滔滔不絕地和我分享她教學時候的感想，還渴望日後時間允許下再持續進修音樂。

所以大二上學期，擁有三份半「兼職」工作的全職大學生妹妹，簡直像是長出了三頭六臂的女孩。每次看她工作完之後回家休息一會兒，就即刻埋首在書堆與課業中，完全不用我們提醒她應該做什麼，也完全不需要大人爲她能否把時間分配妥當而擔心。

我甚至原本以爲，妹妹可能會在職場與課業之間奔忙而疲憊不堪，但她的戰力似乎愈發強勁，像是裝了一顆超強金頂電池一樣。當然，她有時還是會疲累，但她似乎對自己足以掌握全局的能力益發有信心，功課和工作的轉換，她早已習以爲常、甘之如飴。

在工作、課業、交友中找到平衡

許多父母總是不由自主地會去擔心孩子打工，一是不認爲打工有什麼必要，二是怕打工多了就會耽誤課業。妹妹大二上學期的總成績出爐之後，我們發現，她的表現一點都不差，平均分數都在澳洲國立大學的「優等」標準之上，大二下，當她想要申請大學的校外實習課程時，意外發現大學的總成績平均達到「特優」。

小女兒在學業成績這一部分其實和姊姊一樣，對自己投入的努力和成果都有一定水準要求，然而身爲父母的我們，從未選擇去「威脅」、「利誘」她們，或甚至嚴厲要求她們一定要達到某種成績以上，否則就如何如何。

對我來說，孩子絕對不需要爲了「混文憑」而讀書，絕對不需要爲了取得表面上的榮譽與虛榮，而扭曲自己去討好父母，更不需要應付爸媽的要求，而表面上假裝、敷衍。或許只有當孩子們有了興趣、產生動力之後，才會真正主動去做自己想做的事，或是主動去做自己應該做的事；「動力」只有自然而生、自動發起，才能成爲孩子生命中自我掌握的一部分。

這幾年來，女兒們似乎逐漸學會了如何在工作、課業與交友中找到一定的平衡模式，知道如何彈性地適時做出必要調整，同時尋覓出更多職場與課業上的真正目的與意義。

二〇一七年六月中，南半球大學的寒假，妹妹申請了澳洲國立大學與新加坡國立大學的交換課程，前往新加坡國立大學當了五週的交換學生。交換期間研讀兩門課程，其中一門課包括一週的台灣之行。今年九月中，南半球大學的教師空檔週，姊妹倆又一同申請了所屬大學藝術學院爲期兩週半的日本藝術文化與博物館之旅。

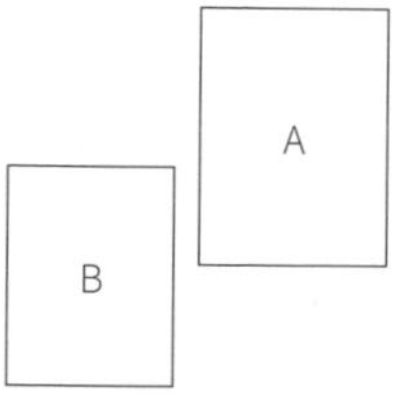

A ◆ 姊妹兩人 2017 年 9 月的日本學習之旅，她們認真打工的動力之一，莫過於能負擔自己更多的學習旅程。

B ◆ 看來，她們倆努力工作的目的，除了荷包裡有了因應一般日常雜支的生活零用金與雜費之外，職場上努力掙來的收入更成了讓她們可以充分規畫外出學習，以及好好看看這世界的最大支柱。

做個為自己生活負責的成人

兩個女兒從青春期就開始在澳洲一邊上學一邊打工，這幾年間，她們賺取了足以自付所有出外旅遊的機票費，包括往返台灣旅程的機票；至於交換學習課程以及部分學習相關之旅的學費，則是和我們父母共同對半分攤。這不是我們主動要求，而是她們自認爲「理所當然」的分攤方式。

妹妹說：「媽咪，這次日本之行，我可以自己負擔全數費用！」

我回答她：「不要啦，就比照以往一樣，我們各出一半。不然，媽咪就會造成不公平囉。」

妹妹不解地問：「爲什麼？」

我解釋說：「因爲姊姊這半年來在美國當交換生和旅行，她銀行戶頭裡的存款數字已經趨近零，幾個月下來無法打工掙錢，只能靠她過往三年多工作存下來的錢，去支付超過大半數的生活和旅程費用。所以，媽咪得再來想一想，或許得先幫姊姊一下，讓她能和你一起先去完成日本之旅再說。」

妹妹會這麼心甘情願要自付費用，大概是覺得自己過往大半年來的努力工作，讓銀行戶頭「小有所成」，順道想要展現她的獨立自主吧。

女兒們很清楚知道，相對於許多澳洲白人孩子必須自籌、自付學費與房租等等生活負擔，她們「僅僅」是支付自己的日常雜支、交通與餐點費、治裝費、交換學習和旅費等，負擔上確實少了許多。

來澳洲頭兩、三年，每當她們需要更換筆電、手機等大筆支出時，多半也是我們和她們共同對半支付，所以她們深刻了解到自己的「幸福」，也知道要能賺點、存點小錢，是因爲不需要和別的學生一樣得要自己負擔房租、水電與大學學費。所以她們各階段的打工，再辛苦都不是一種經濟與生活上的壓力之苦，而是一種「我已經長大了，不應該只是當個媽寶；我也應該走出去，和身邊大多數的澳洲孩子一樣，腳踏實地靠自己去找工作、去適應職場、去爲自己掙錢，做個肩負生活責任的成人。」

Q 打工和學業到底如何兼顧？是否有需要取捨或更多付出的地方？

A

如何兼顧課業與打工呢？女兒們一打工回來，會主動去寫功課、做研究或到圖書館找資料。她們因為要打工，所以直接感受到時間分配上的壓力，力求時間分配妥當的危機感也就自然大增。

她們在打工之後對念書學習的自動自發出自於自身需要的自律，確實讓我相當佩服，但這樣的結果與她們時間運用上的安排，絕非我們大人與孩子事先就能預設或料想到的。

至於她們如何平衡與取捨？小女兒高三時，主動辭掉義大利冰淇淋店的工作，為的就是能更專注於課業。再者，打工本來就是她們自己的選擇，所以很自然就會認真對待，如同她們大學就讀的科系是她們自己選擇要念的，所以也很自然會非常在乎自己在學校的成績與表現，壓根沒有只想要混畢業和混個文憑的想法。

多數亞洲父母會習慣以威脅利誘的方式，告訴孩子說你要是成績夠好，才能去做什麼又什麼的；你要是如何用功念書又如何取得好成績，我才會怎樣獎勵怎樣等等。我時常想，今天要是我逼著女兒們去選讀她們不喜愛的科系，不要說是去打工了，課業大概就會給我擺爛，尤其是我家妹妹的個性，她絕對會鬧革命的。

女兒們可以說是幸運的，因為我們大人讓她們擁有選擇的自由，不論是自由去逐夢、自由做自己、自由選科系。但賦予自由與做自己的第一步，無非就是要對自己負責任。而我總以為，凡是經過自己想的、思考過的，很難沒有動機與動力去實現，以及踏實地面對它。

Q 怎麼做時間管理？社交活動會不會有影響？對課業是助力還是更費力？會不會影響談戀愛？

A

這些其實都是可以有效率調配時間的。打工沒有影響課業，也沒有影響到談戀愛，反而是這一年半來一直運用寒暑假從澳洲到別的國家當交換學生，以及不斷參與短期一個多月的海外交換學分課程等的影響較大。談戀愛要有影響的話，還是得靠孩子自己去溝通解決，去調整疏通，這也是一門成長課題。

就大學階段的打工情況來說，大學生的課業與學分本就較具彈性，是有機會做更好的掌握與生活管理。社交部分，若孩子們的大多數朋友都有打工的話，那大家安排社交時間上自然不成問題，有機會大家約好某個週末晚間碰面，就會發現有人才剛上班到傍晚六點鐘，有人則明天一早要上班等等，十分正常，大家都習以為常，也會彼此熟悉這不過就是生活的一部分。

為什麼要讓孩子打工？

教養觀察

從青少年「轉大人」之際，可以藉著打工去賺取人生經驗和生活零用金，甚至累積出幾張出國旅程的機票費，提早「享受」薪資帳戶裡逐漸增加又再次遞減的開心滿足感與生活現實面。所以，孩子為什麼可以不去打工?!

上次回台灣，和幾位朋友們餐敘，聊起了這次在台北行程匆匆，主要原因是考量到小女兒不能離開澳洲太久，她的大學雖然已經放暑假，但這次只能短暫來去台灣，就得趕回去坎培拉繼續打工。

一起聚餐的朋友中有一位爸爸，他女兒和我家女兒們的年紀相仿。這位爸爸友人一聽說我家小女兒要趕回澳洲「打工」，情不自禁地張大雙眼、眉毛高高舉起問我：「什麼?!」

我重複說：「她得回去打工。」

這位朋友馬上疑惑地說：「幹嘛要這樣?!」

我轉頭看著坐在席間的妹妹說：「其實，她十五歲就開始打工囉！」

我很清楚，這位朋友當下絕對難以理解，年紀輕輕的小女生怎麼會去「打工」呢？在大家一起吃飯之際，我無法就這個有點糾纏又複雜的議題，占去主要聊天時段而開始高談闊論。我隨即轉換話題，談起妹妹工作的那家北歐Ｐ牌珠寶飾品公司，因爲那天餐會的友人們正好都待過北歐，所以一談起北歐、談到Ｐ牌飾品，大家馬上興致勃勃地東聊西聊起來，成功地把其他話題炒熱了。

我一點都不訝異這位朋友的「驚訝」，與他的深深不解。事實上，我已經遇過無數有著和我女兒們年齡相仿孩子的爸爸友人，他們多數會「超級捨不得」女兒們要去打工什麼的，只要每次我一想起他們和我談起「打工」這話題的神情和反應，就不免在心底泛起一陣甜蜜的微笑。

或許，大多數的父親總希望女兒「好命」一些，生活上不要這麼辛苦吧；也或許，在我們這個世代的父母們總還是有很多人認爲：過去我爸媽都沒要我捲袖子去外面端盤子、擦桌子，我怎麼能讓自己的孩子去做這樣「卑微」或甚至「浪費光陰」的事？再說，我們家又不缺錢，孩子「只要專心念書」就好，哪有父母要孩子浪費時間去做那些有的沒的呢？

這個議題對我來說已經再熟悉不過了，所以每當有人問我：「爲什麼要讓孩子們打工？」我當下的自然反應絕對是：「爲什麼不呢？」我心裡湧現出成千上百個理由可以分析、可以述說。

打工，是為了累積生活養分

這世代的大多數孩子，在生活的物質條件上是相對幸福的，他們當中有不少直接誕生在物資不匱乏的時代，閒暇時分全家到餐廳、到館子用餐，假期時全家一起去小旅行等等，這些早已成爲這世代不少孩子們成長過程中的重要部分，所以富足、充裕對他們一點都不陌生。相對於他們的父母，這世代的孩子確實有更多是成長於一個更受寵愛的幸福年代。

但未來世界的發展，對於年輕世代卻不見得都能一路幸福、美滿又快樂，也無法保證一路都能康莊、平坦與順遂。經濟與社會發展的軌跡，顯示了年輕世代的孩子們甚至可能比父母輩要歷經更多生活挫折與職場轉換，才能找到自己合意的全職工作；某些大學生在還沒畢業之前，就得開始煩惱未來的工作落於何處，畢業即失業該怎麼辦？下一世代將遭遇更多我們當年沒碰過的新挑戰，即使他們出生於相較上一代更幸福、富裕的無缺年代。

我曾經對女兒們說過：「你們在台灣的同學當中，有不少是爸媽一路費心栽培下成長的，從小到大幾乎所有支出與安排都是家裡一手張羅，孩子們從不需要爲『錢從何處來』而煩惱，所以永遠可以放心大膽地去築夢，去『成就自己、做自己』。若將他們的學經歷和旅遊、實習、交換等歷程通通寫成履歷表，那絕對是令人刮目相看的豐富與傑出。

「但是，女兒啊，如果你的所有旅程和所有的出國學習交換，到了高中和大學階段仍然完全由我們大人無條件全額支助，那當我一轉身看到許許多多澳洲孩子們需要投身超市、店家打工，無論是收銀櫃檯結帳，還是到餐飲店沖泡咖啡，或在餐廳裡端盤子等等，以求能自己掙錢去支付生活費甚至學費，我會覺得你們不過就是被過度寵愛的孩子。

「你或是你的國內同學們或許無須爲錢所苦，在父母的羽翼庇護之下，不斷累積自己的能量和養分；相較於現在的澳洲同學打工的世界，好像滿不公平的。

「可是，這樣被父母一路呵護長大的你們，可能永遠無法體會到許許多多連出國機會都沒有的孩子心裡埋藏的無奈與苦楚；而且，可能永遠無法體會即使生活無虞、父母收入不錯，卻還是走入職場歷練自己，同時自主賺取學費與生活費那種腳踏實地體驗社會脈動、不至於從象牙塔裡看天下的務實。

「媽咪認爲，就因爲你們已經有些『幸福』了，所以現在從青少年『轉大人』之際，可以在求職、打工的歷程上付出更多。你們更可以在努力課業之餘，也藉著打工去賺取人生經驗和生活零用金，甚至累積出幾張出國旅程的機票費，提早『享受』薪資帳戶裡逐漸增加又再次遞減的開心滿足感與生活現實面。

「不然，你再怎麼成績優異、獲獎無數，恐怕到了二十、三十幾歲，都還會輕易地以爲，生活無虞的幸福是張口就有的唾手可得，是從天而降、無須自己胼手胝足努力掙來的。」

所以，我始終毫無懸念地質疑：孩子爲什麼可以不去打工?!

不把女兒當「公主」養

教養觀察

我一向支持、也相當鼓勵女兒們去打工，因為辛勤努力工作付出的汗水與換來的收穫，會讓這些人生旅途上的各種必須花費，彰顯出自立自強的價值。

我一向支持、也相當鼓勵女兒們去打工，同時正面積極地跟她們說：「這樣你們想要換筆電、換手機、治裝、買新鞋、規畫去各地學習和交換課程時，想要追逐更多夢想或行旅看世界時，才會顯得『理所當然』得可行，才會讓自己有所本的『理直氣壯』。因爲你們辛勤努力工作付出的汗水與換來的收穫，會讓這些人生旅途上的各種必須花費，彰顯出你們自立自強的價值。」

交換學生見聞

小女兒到新加坡國立大學交換學習的五週當中選了兩門課，其中一門是「中華藝術史」，這門課在交換期間從新加坡到台灣實地研習六天。在台灣期間，白天幾乎是滿檔的行程，故宮博物院就去了三趟。

妹妹說，這堂課有十幾位來自不同國家的學生，但並不是每個人都對這門課感興趣。我們很好奇地問：「若不感興趣，爲何還要浪費錢來選修這門課？」其實對此，妹妹也不甚了解，但是她說：「他們大概就只是想來台灣玩吧！……所以總有人在上課時滑手機，超不尊重講者的。竟然還有人約好隔天上午要一起上演集體生病記，說是不習慣台灣的飲食，只因晚上要去台北的酒吧瘋一瘋。」

妹妹一聽到這些學生們商量的事情後，直呼不可思議，覺得這些人簡直拿家裡或自己的錢在開玩笑。這趟新加坡的交換學習，要是選擇參與了之後再去其他國家研習的課程，就必須額外支出往返機票費、旅費和當地住宿費用。

如果當初只是爲了來台灣玩，何必花上額外的費用呢？因爲一起在新加坡修課的同學當中，就有人因爲無法負擔額外產生的各種費用而不能前來，甚至也有人因此必須退出這門課程。所以，妹妹非常不能理解那些沒有經濟負擔、參加出國研修卻又不把真正的課程當一回事的各國同學們。

妹妹說：「我們在台北有好幾個行程，就是因爲某些同學遲到、散漫，造成下一個行程被延誤。我真覺得很對不起這些教學研究單位！」妹妹和我們透過線上即時通忿忿不平地分享了這些「奇聞」，我們的初步結論是，這些孩子要嘛家裡太有錢，要嘛就是習慣不用爲生計擔心的「幸福」。

這樣的生活與學習態度不大會發生在家裡兩姊妹身上，一來，她們倆一向對自己選什麼課負責；二來，她們倆一向不拿自己賺的錢開玩笑；三來，我們從不要求孩子一定要念什麼學校、混什麼學位，所以學習一定是她們自己的事，任何她們自己選擇的課程和交換計畫，當然是她們要全力以赴、認真對待。

公主的幸福，少了理直氣壯

這一年半來，女兒們的學習觸角一直「往外擴張」，跨國境、跨文化地向外跑，一年接一年的參與了許多出外交換與學習課程。我已經不大能想像，如果當初她們想要參與的這一切長短期學習之旅全由我們出錢，會是一個怎麼樣的「燒錢」光景？

如果我們一直幫忙支付她們的所有雜費、生活費、交換學習費用等等，她們當然會覺得自己「幸福」得像個嬌嬌女，總被捧在手掌心上如公主般呵護，她們自然不用去經歷這幾年間的求職、謀職、換職，也不用大清早起床上班或深夜到凌晨才能下班，更不用歷經一些同事與上司的奇特情緒干擾，以及辛苦地在沉重課業與紛雜班表之間力求平穩度過。

但我愈發覺得，自己絕不是一個會教出只善於打扮得漂漂亮亮、不知憂煩人間煙火如公主、名媛般女兒的媽媽，女兒們應該也會婉拒讓自己成爲只能是公主、名媛般的幸福，雖然可能不用辛勤彎腰流汗，但那幸福感一定會少了許多理直氣壯啊。

女兒們對自己的課業與打工都全力以赴、認真對待。圖為姊妹倆在P牌珠寶店工作的光景。

很貴，生活住宿費更是高得嚇人。澳洲大學，不論是國立或州立的學生住宿費用，通常是一週起碼要價五千元台幣起跳，其他生活開支還沒包括進去，當然也都不便宜。在美國，相同類型花費也不遑多讓，所以美國也有很多本地或國際大學生會在學校裡打工。

至於女兒們為什麼要把工作時段排這麼滿？其實，她們從來都不是刻意要排得滿滿的，她們經歷過的很多事情，無論是學習、課外活動和打工，絕非事前刻意安排或精打細算出來的，而是每當職場上的機會來了，她們總會試著去抓住它，也會問自己為何不去珍視與嘗試？

我跟她們說過，你想要這一份工作，別人更想要。所以我的態度是鼓勵，只要她們的時間可以勻出。澳洲當地孩子們有不少十五歲就開始四處尋找打工機會，中學十到十二年級的孩子普遍有人打工，外來的國際大學生當然也有不少人在積極尋找，況且還有許多國外來澳洲度假打工的人。

當然度假打工有客觀條件上的限制，若語言能力無法直接做第一線的服務業或零售業，那他們多半會選擇其他類型的內務工作，或為了有更多工作時數而選擇到郊區農場，也因這類型簽證受限於同一雇主只能工作半年，所以很多人選擇去偏遠郊區，為的是更容易取得第二年的簽證機會。不過，也有人的母語是英文、也就是語言能力比較無礙的，譬如英國人或美國人來澳洲度假打工，就可能直接找到面對消費者的第一線餐飲服務或零售櫃檯等其他類型工作。事實上，度假打工是另一種不同的概念，這本書就暫不深入探討了。

因此，現實環境顯現的狀態是，你要工作，別人也要工作，而工作機會並不是說有就有，職缺更不可能說來就來，畢竟澳洲的購物商圈與生活模式不是到處都有商店、小吃攤或超商，晚間也不是處處燈火通明至深夜。所以職場機會永遠就是這麼多，每個人多少需要依據自己的選擇想法與時間安排，雇主和求職者之間選來選去，最後雙方合適的選擇還是有限。

同樣的機會卻有更多競爭者，這是職場上的基本定律，更是這一代孩子得要面對的命運與未來。所以孩子們能夠掌握到的工作機會，當然要珍視並且設法平衡學習與工作的時間運用。

孩子們學會珍惜自己努力獲得的機會，珍惜自己跨出的每一步，學會如何掌握有效時間合理運用，在我看來都是非常值得鼓勵的。年輕生命只要擁有自信、願意努力，在學業與工作之間適時取得平衡，積極規畫打工又有何不可與不對之處呢？

在澳洲，真的普遍不是大學畢業或念完研究所之後才開始學習找工作、才開始邁入職場，或才開始積累攢存自己的退休金，許多人是從高中就開始學習與工作並行，沒有將之截然一分為二。這種把工作視為一種日常所需的習性與心態，確實是一個很有趣也值得亞洲社會去了解、深思與探討的社會文化現象。

Q 為什麼要打這麼多工？

A

這就好像問大人為什麼需要一直工作一樣。

國外的孩子普遍認為，靠自己是極為重要而正常的，尤其是即將成長為大人的自我獨立感。對他們來說，完全依賴父母一路養大反而是不正常的。很多澳洲學生會刻意在大學少修一、兩門課程，為的就是規畫出時間靠自己打工掙錢，來繳付學費與生活費。

事實上，反而是亞洲孩子們多半很「幸福」地被父母一路「呵護」長大，多數的亞洲中產以上家庭，包括在澳洲的不少亞裔族群，並不會讓孩子為學費和生活費而憂愁煩惱，因此認為孩子們不大需要打工。

孩子們有了負擔學費的責任（女兒們去國外當交換生，以及一個多月的短期學習交換、出外旅遊、再進修、回台灣的機票等等費用即是），並且為自己籌措生活雜費、治裝費等等的動力，青春生命就能真實體會到靠自己掙錢的那種「成就感」，是會讓人開心「上癮」的。

一位朋友的女兒高中畢業後來到澳洲，現在大一，前陣子也開始打工。女孩跟我說了幾次：「自己賺錢的感覺真好。」然後又說：「這裡真的好不一樣，我的同事中有好多比我年紀小，他們真的不是只一直念書，念完書後才會想到去找工作。」

Q 為什麼要將工作排這麼滿？

A

應該還好吧，許多打工的學生正是如此規畫運用自己的時間。普遍來說，澳洲的爸媽有不少當年就是這樣長大的，所以習慣於自己一邊就學、一邊打工，沒什麼把工作排得滿不滿的問題。這當然是每個人自己的選擇，但同時也已經是澳洲普遍可以被接受的文化。

女兒們只是正好屬於非常忙碌的族群，也屬於外務特別多的學生群，這是她們個人的選擇。但因為每個人有對自我的期許與想法，當然不是每個學生都會選擇過如此忙碌緊湊的生活，也沒有誰一定要去模仿誰，而是如何選擇一個自己足以勝任、但又能開心過日子的模式。

在澳洲，倘若你是國際學生，那一週可排上的工作時數「上限」是二十小時；美國也差不多。有人會問，在此地的大學生為什麼一定要去找工作？答案是，因為學費

十六歲的小學課後輔導老師

教養觀察

學校鼓勵學生利用一年當中的兩次假期，到不同機構組織或職場去見習，學生必須自己去找願意接受的機構單位。我鼓勵女兒試著打電話去問，因為自己去聯繫、自己去做、自己去承擔，絕對是見習的第一門課。

搬來澳洲時，大女兒跳了半年的學籍，直接就讀南半球的十一年級高中。

學校二月初開學，我們二月中旬才順利搬進新租好的房子，運送的海運行李貨櫃在三月中旬抵達之前，房子就是空空蕩蕩，直到額外添購的家具逐一備齊且拼裝完成，兩百多個紙箱抵達後陸續拆裝完，才開始有一個家的樣子。整個三月份，一家子的生活仍舊無法全然就緒，家裡四處堆滿著半開封的紙箱。

努力融入新環境

有一天，才上學幾週的大女兒著急地找我說：「媽咪，我要在四月份去做職場見習。」我有點茫然地回答她：「喔，好啊，那你看應該怎麼處理？」

「職場見習」不是大女兒學校的必修課，但學生可以依照自己的意願來自由申請，學校鼓勵學生利用一年當中的兩次假期，也就是學期之間的兩週放假日，到不同機構組織或職場去見習。姊姊滿期待這次的見習機會，主動要申請、參與，她當時提出申請時，我們才剛抵達澳洲一個多月，但我完全能理解女兒的急迫融入感，這也充分反映出她的個性；每當她到一個全新的學習環境，都非常渴望能盡快和同學們有一樣的生活與作息，更不用說去達成課程要求等等了。所以她迫切地想讓自己成爲澳洲新環境裡的其中一份子，盡心、努力地想要參與各式校方活動。

這項見習是學生必須自己去找願意接受的機構單位，學校輔導室裡有各式見習單位與機構的名單，學生可以查找資料本，看看有無自己感興趣的工作，再透過這些機構的聯絡電話、聯絡人等直接做聯繫，詢問他們是否接受申請，或是否有合適的空缺可提供見習。但資料上的單位不保證一定會有見習機會，因爲這些單位廣泛提供見習職務給所有坎培拉市裡的中學，假若已有人申請，或前一陣子已收了見習生，或目前沒有合適的機會，或甚至尚未開放申請等等各種情形，所以不保證一定會再接受新的申請要求。

跨出職場見習的第一步

姊姊從這些資料上記下了幾個機構的聯絡電話，其中有市立美術館、公立小學課輔中心、全國知名連鎖咖啡店等等。她拿著那些電話，有點躊躇不前，不知該怎麼辦才好。

「你就先試著打電話過去問問啊！」我鼓勵她。

她很想動作卻又卻步地停住。我再鼓勵她：「撥個電話，禮貌地說明你的姓名、所屬的學校，再詢問看看是否有見習機會。若實在不知道該怎麼說或做，那就試著寫封email問問吧。」

她說好，也鼓起勇氣一家一家試著聯繫看看。

我再次鼓勵她：「這事情，媽咪一點都幫不了你。當然，由我來打電話是最快的，但我要是真幫你打了電話，豈不反而害了你？害你沒有機會跨出這一大步，害你無法克服自己的膽怯。所以，媽咪還是覺得你可以自己去聯繫、自己去做、自己去承擔，那絕對是見習的第一門課。」

咖啡店後來回覆姊姊說，等晚一點負責業務的主管當班時，會再與姊姊聯繫。美術館和小學課輔中心一開始都很順利找到承辦人員。美術館當場表示很歡迎，也將姊姊可以運用的時間記了下來，並告知假若姊姊確定要去見習，請把學校提供的見習表格填好，並商請一位當週可以協助前往美術館探訪的老師，最後再請老師、家長和校方職訓輔導室三方都簽好名後，即可進行申請見習的作業程序了。至於小學課輔見習，則要等學校主管隔一週回來後，才能再與姊姊確定到校幫忙的課輔時間與申辦程序。

姊姊當時最想去的第一順位是南區的一家美術館，爲此，我們利用週末前往位於城區最南端的藝術文化中心。去過一趟之後，我發現在車程和時間安排上會出現困難，所以建議姊姊：「我們才剛舉家搬遷到澳洲，家裡目前仍是一團亂，媽咪可能無法在你要見習的那週，每天一大早開車送你去美術館後再返家，因爲往返車程起碼要開上一個小時，然後下午再開車來美術館接你回家，那可又是一個小時的車程往返啊。除了因爲家裡的大小雜事真的太多了，另外就是這個地點目前對我來說有些遠，上下班時間還會塞車，媽咪對路況沒那麼熟悉，短時間之內，媽咪覺得車程和駕駛信心都有點困難。」

姊姊雖有點小失望，但能諒解；好在第二順位的小學課輔也已跟姊姊聯繫上了，他們很歡迎姊姊去見習。這是一所公立小學附設的課後輔導，距離我們家只有約三公里，算是當時一個對大家都很「折衷」的好選項。

因為這是一份輕易能上手的工作

姊姊決定去課輔中心見習，那一週我每天傍晚六點接她下班，看她好開心，一下說哪個孩子又給了她什麼自己做的東西，一下說哪個孩子又講了什麼可愛的話等等。

見習第三天，學校課輔中心的老師就詢問姊姊長期在那裡工作的意願：「請問你日後可不可以再留下來幫忙？我們想要長期聘雇你。」

所以，姊姊在一整個星期的見習結束之後，真的在隔週又去工作了兩次，拿到課輔人員所需填寫的表格與要研讀的工作手冊，只是那週之後的幾天，我們全家利用姊妹倆僅剩的四天假期，去了一趟墨爾本。回來之後的隔週，學校的另一學期又開始了（澳洲學制是一年當中分爲四小學期，學期中間通常會有短暫的兩週假期）。

姊姊開學後不久，決定暫時先不接受這份課輔老師的工作；雖然這份工作對姊姊來說，絕對是駕輕就熟、勝任有餘。當時學校給予姊姊的時薪，是依照十六歲的年齡層，比同年齡的服務業時薪要來得好。但姊姊不得不婉拒，原因無非是因爲她覺得自己才剛到澳洲，她有升學與課業上的壓力。

姊妹倆在課業銜接上有個大不同，姊姊是在十六歲來到澳洲，直接跳讀到十一年級，也就是直接面對了澳洲高中升大學中最重要的最後兩年。這對於剛到不久又選擇就讀雙高中文憑的繁重課程的她，實在不知自己能否兼顧這份下課後的小學課輔工作，又能在日常課業中全力以赴、迎頭趕上。

姊姊跟我說：「媽咪，這是一份我輕易就能上手的工作。」

我知道，也了解她的個性；她除了上述這些初來乍到的不確定性，以及有課業要急起直追的急迫感與壓力等等原因之外，還有一個重要因素使她暫緩這份工作，就是因爲她覺得這工作對她的挑戰性不夠大，她似乎想要一個難度更高的工作，不是只想要在一個已經駕輕就熟的舒適圈裡。

不甘於舒適圈的人格特質

姊姊談起她的感受，在小學課輔中心工作的助理老師們有不少是大學生，她曾經和他們聊過當初是怎麼來這裡的？喜歡這裡嗎？他們都說很喜歡，也有感而發地說在外面打過其他的工，發現課輔環境相對單純許多，不用經手金錢，不用應付客戶，不用像餐飲服務業總是忙得團團轉，動不動就得看客人、老闆的臉色；課輔面對的是一群小學生，他們大多天真無邪，不時會帶給大人一些溫馨與歡樂。

姊姊在一星期的見習與工作中確實都很開心，她很能面對、引導小朋友。但我非常清楚，她想要到「外面」去見識一番，去給真正的「社會」磨練磨練，去真正看看那些所謂難以應付的環境、繁忙的職場到底長什麼模樣？

雖然在澳洲高中階段一開始的第一個見習機會，就即刻提供了姊姊這一份可以長期打工的機會，這對於剛到澳洲不滿三個月的十六歲大女兒來說，算是一種間接式的肯定，也是一個很大的鼓舞。

然而對我來說，我卻打從心裡明瞭，這孩子要不是非常非常幸運，就真的是具備了某些踏入職場的韌性與特質。

雖然她選了一條邁步向前、跨出舒適圈另尋挑戰的崎嶇路徑，而我卻也打從心裡明瞭，這其實也正是她的人格特質。

◆法國鄰居老師因為法國總理造訪坎培拉，要參觀他們的學校及舉行歡迎酒會，特別商請姊姊開車到他們三個孩子的小學裡，以支付鐘點時薪方式協助照料他們和朋友的一群孩子，好讓他們當天可和總統會晤。

因緣際會教中文

教養觀察

中文對女兒來說既是母語，同時也算是歷經過學習的一種「外語」。她掌握的是跨文化學習中英文的經驗歷程，所以她很能理解兩種語言轉換運用之間的差異，比較能夠讓母語為英文的人更輕易去了解中文的基礎學習方法，也能對他人的學習困難有更深的同理心。

大女兒到澳洲念高中，一開始就決定選讀兩個高中文憑，一個是澳洲本地的高中學歷課程，另一個則是ＩＢ，也就是「國際文憑」（International Baccalaureate）。國際文憑課程中，有一百五十個額外時數的「創意、行動力與社區服務」課程項目，修課的學生需要從事好幾種不同的活動，姊姊也分別選擇了幾項，其中之一就是「教中文」。

晉身中文小老師

姊姊當時在學校的圖書館布告欄上看到教中文的工作，這是她高中圖書館裡的澳洲職員蘿拉所提出的需求，她想讓自己收養的兩位中國大陸女孩學習中文。這兩位女孩在零歲階段就被蘿拉和先生收養來到澳洲生活，但她和先生都不會說中文，一直無法給收養的女兒們任何原生文化和語言的接觸，因此，這兩個東方面孔的女兒一句中文也不會講，一個中文字也不認得。

蘿拉和先生非常希望女兒們有機會接觸並了解自己家鄉的語言與文化，所以在學校布告欄上貼了給國際文憑學生的中文教學告示。姊姊很感興趣，就主動和蘿拉聯繫，她們談得很愉快。蘿拉知道姊姊是學校選讀國際文憑的學生，有一定的活動與服務課程時數要完成，也就欣然同意請姊姊幫忙教女兒們中文。

她們約定每週六中午在坎培拉市南邊的社區中心圖書館碰面，相約在一處可以講話、說故事的館內兒童閱讀桌椅區，姊姊就這麼開始教蘿拉的養女們學中文。

中文課程基本上從零開始。蘿拉先準備了一、兩本教材給姊姊參考，姊姊自己也特別去找了其他合適的素材；當時這兩個女孩年紀是小學低年級階段，所以姊姊每次上課前都會特別準備不同的字卡、彩色卡、圖案卡，或自己剪貼繪製了一些輔助教材。

蘿拉的女兒們一開始對於學中文的興致並不高，一方面年紀還小，注意力不太容易集中。

對她們來說，成長過程中原本就從未接觸過中文，不大能理解爲何現在又要學習另一種截然不同於英文的語言，加上她們週六上午通常已有體操課，累了一陣之後，又得趕來上這個和她們沒有多大連結的中文。

對年紀輕輕的兩個小女生來說，平日生活與成長環境裡既無此需求，至少到目前爲止也沒有太多用得上的機會。因此有時在姊姊的引導下，看起來興趣十足，但有時畢竟還是有著小小孩的心性，偶來不免有點意興闌珊。

蘿拉後來提到，以前曾經找過一位年紀較大、來自中國大陸的中文老師，但這老師的英文不太好，又比較嚴肅，試過幾次教學之後，女兒們有點排斥，所以是不是因此影響了現在學中文的心情，實在不得而知。

用同理心引發學習興趣

週六下午，兩位中國小女生各自有四十來分鐘的中文課，這時數對語言學習並不夠，但蘿拉和先生說，接下來的暑假計畫帶女兒們去中國大陸玩，所以希望姊姊可以教她們一些簡易的生活用語與對話。蘿拉想到若有機會帶她們去中國，她們回來後對學習語言的動機或興趣應該會大一些。

姊姊很有愛心與耐心地持續當她們的中文小老師，我們也跟著姊姊每週六到城南邊的W社區中心圖書館報到。剛開始幾週裡，我選擇在一旁觀察和協助她，就算是當她的助教。我這麼協助她的原因在於這是姊姊的首次教學，除了希望她能在起始階段就順利上手之外，也因爲我對這個「教案」的發展相當有興致；姊姊要能順利上手，勢必需要一些教學經驗輔助與教學題材上的協助。

幾個週末的中文教學下來，姊姊發現，她的中文程度雖然無法像一路在國內求學成長的孩子們一樣好，但她足以勝任這份中文教學工作的優勢，就在於中文對她來說既是母語，同時也算是歷經過學習的一種「外語」。她掌握的是跨文化學習中英文的經驗歷程，所以她很能理解兩種語言轉換運用之間的差異，比較能夠讓母語爲英文的人更輕易去了解中文的基礎學習方法，也能對他們的學習困難有更深的同理心，反而可以適時找出對方容易上手、引起興趣之道。

大女兒的這段教學「生涯」持續了好幾個月之後，有一天蘿拉跟她說：「你的國際文憑課程所需的服務時數應該已經足夠，所以從下次教學開始，我們會付學費給你。」於是，姊姊又持續教這兩位中國小女生好一陣子的中文，直到高中畢業進入大學之後才正式告一段落。

A ◆ 姊姊因國際文憑課程的服務時數需求，有機會開始當起中文家教。

B ◆ 姊姊正在教朋友的孩子學中文注音。

來當鋼琴家教

教養觀察

我發現，姊妹倆對人的誠懇和尊重，以及對待小小朋友們的愛心互動，像極了我們這二十多年來一直給予她們的教養態度，這已經成為她們生命中一種無形、珍貴的資產。

大女兒十二年級時，一位在坎培拉的朋友想請姊姊幫忙教小學低年級的兒子鋼琴；這位朋友本身學音樂，她自己教兒子不成問題，但她希望易子而教，所以就商請姊姊幫忙。

我問姊姊是否有意願教鋼琴？姊姊很開心地說：「可以啊，我很樂意試試！」

當時姊姊來到澳洲一年，課業壓力始終存在，但也逐漸上軌道，平日除忙於學業外，也陸續完成國際文憑中的創新、服務活動等課程時數，她計畫要拉完某些大提琴曲目，以作爲行動力挑戰的一部分，更持續在週六下午當蘿拉養女們的中文小老師。因此，她對於時間分配與掌握，漸漸悟出了一些門道。

朋友給了我們一些鋼琴教材，是她之前教其他學生時用的，我們自己也到音樂行找了幾本基礎鋼琴彈奏樂本。姊姊就這麼開始了她教小學生的基礎鋼琴之路。

對姊姊來說，教初階鋼琴似乎不成問題。朋友的孩子每週會來我們家上四十分鐘的鋼琴課，姊姊也愈教愈有心得，她逐漸發現自己很幸運能夠懂得音樂，甚至覺得這些年來，對於音樂逐漸能夠融會貫通。

她有所領會地說，自己會靈活地用不同方式跟孩子說明彈奏手法和音韻曲調，如果一個方法沒辦法讓孩子領會，就會試著換一種方式來說明。姊姊教鋼琴大約一年之後，有天朋友突然又問我：「可不可以再麻煩妹妹或姊姊也幫忙教我孩子中文，從注音符號開始教起？」

我和朋友討論過後，建議還是先由姊姊來帶中文教學，因爲妹妹當時有其他兩份工作，而且正好升上了升學壓力逐漸加重的十一年級；而姊姊教過蘿拉兩個養女一年多的初階中文，會比較得心應手。

姊姊後來跟我說，真不知自己當初是如何在台灣學會注音，後來又是如何繼續在國外還能持續學習中文？她深感在教小朋友中文時，尤其是面對沒有中文學習環境下的國外孩子，是需要更多的時間、耐心和耐力。

生命中的無形珍貴資產

很巧的是，差不多同一時間，又有其他朋友問我：「想請姊姊來教我們家兩個孩子彈鋼琴，不知可不可行？」

我一開始有些猶豫，姊姊小時候住過北歐六年，她和妹妹曾經是赫爾辛基音樂學院的學生，當時姊姊主修大提琴，副修鋼琴，現在也仍然彈鋼琴和拉大提琴。但從北歐搬回台灣三年期間，以及後來再搬到澳洲，在這些跨國搬遷環境轉換時期，多少會讓學琴之路有所間斷；她在澳洲上大學之後也沒有選讀音樂系。所以，我直覺是很怕她誤人子弟。

朋友說：「我們的一位朋友說，她的兒子跟你家姊姊學琴，好像學得不錯也很開心，所以我們也想請你家姊姊幫忙我們家兩個小朋友鋼琴啓蒙。」

啓蒙應該是可以的，因爲姊姊從小音樂學習路程裡的「養分」與教導師資都不錯。她先前在北歐六年學到的，不論是對音樂喜愛還是對人的高度尊重，已經成爲她和妹妹生命中一種無形、珍貴的資產。

加上家裡對她與妹妹一路走來的尊重與呵護，讓姊妹倆不管面對的是小小孩還是大一點的孩子，完全不會採取傳統亞洲式的嚴厲說教和不留情面，更不會口出惡言給孩子難堪、訓斥，反而會很自然地選擇溫和尊重、啓發式的對話教學模式。

我發現，姊妹倆對人的誠懇和尊重，以及對待小小朋友們的愛心互動，像極了我們這二十多年來一直給予她們的教養態度。

家教不算是「工作」

教養觀察

讀書對大女兒而言，可能比遞上履歷這檔事來得更有自信、更駕輕就熟。正因為如此，才希望她走出去，不要只在習慣的舒適圈裡稱王。

姊姊從十六歲搬到澳洲之後幾個月，曾經差點要成爲澳洲公立小學附設課輔中心的工作人員；然後接下來的幾年間，又陸續當起了五位孩子的家教，分別教他們中文和鋼琴。嚴格算來，她在十六、七歲間已經開始「打工」了一、兩年。但當她滿十八歲，也就是十二年級高中快結業時，卻被我們「逼」著要去找工作。

與其說是我們給她壓力，倒不如說她也渴望能到外面的不同地方去找一、兩份職場上的工作，這樣她在一群澳洲同儕之中，看起來也會和他們一樣「酷」吧。

嘗試家教以外的打工

姊姊當時高中快畢業，嚴格講起來，她來到澳洲不到兩年，卻要在這段時間內完成兩種高中文憑，我們非常清楚她這兩年來的雙重課業壓力，所以她在課餘之暇，最多就是兼家教，無法勻出時間再多做其他工作。就在姊姊的澳洲高中基本學測結束之後一個半月，她又順利完成國際文憑的大考，這時我們就極力鼓勵她，可以開始規畫自己想要的「走出去」，嘗試不同的打工經驗。

姊姊開始寫履歷表，並且到購物商場及附近社區商圈看看有無投遞履歷的機會。但我和妹妹後來都發覺，能咬緊牙根在澳洲兩年內完成兩種不同高中文憑並以不錯成績畢業的姊姊，讀書對她而言，可能遠比踏進商店、面對陌生人遞上履歷這檔事來得更有自信、更駕輕就熟。

「姊姊的自尊心太強了。」妹妹有感而發地說。

「姊姊是怕被別人拒絕啦！」我接著妹妹的話，講出自己的感想。

好幾次，我和姊妹倆一起到市區的購物商圈投遞履歷，姊姊一開始根本不敢直接踏進店家，不像妹妹十五歲時就直接大步跨進去；姊姊總是在我們百般鼓舞下，才有些羞澀地悶著頭走進去找經理人員遞上履歷。

我看著她那副膽怯不敢邁步的模樣，便打趣著說：「怎麼，你是不是覺得讀書真是簡單多了?!」她不好意思地點了點頭。

「所以才希望你可以走出去，不要只在習慣的舒適圈裡稱王嘛！」我說。

「姊姊，你這兩年的那些家教不能算是真正的『工作』啦！」此時，妹妹又說話了。然後還有點小大人似地語重心長說：「當家教，哪個孩子不都對你恭敬有加？你要是在真實的社會裡打工，就知道上班賺錢哪有那麼容易！」說起來，十五歲就已經開始在外面「闖蕩」的妹妹，具備了跟姊姊說教的資格。

是啊，想想也對，家教的鐘點費相對高得多，教琴尤其如此，但畢竟姊妹倆學音樂的那幾年下來，不論是父母或她們自己都必須付出一定的學費和努力；真要將當年所繳過的學費累進計算下來，那教琴也得要教上相當多年才能算真的「回本」。

姊姊大一、大二時，曾經持續和澳洲國立大學音樂學院的知名教授學大提琴，偶爾也會找學院裡的老師上鋼琴課，當時每小時的學費是她後來教琴鐘點費的一倍，甚至一倍多。所以若真要以成本考量，她當家教的這些鐘點費實在無法與一般打工的時薪相比，也無法說哪一個「划算」。

人生的第一次職場面試

大女兒除了直接進入商場的店家去投遞履歷之外，同時也透過一些公司網站的職缺需求來寄送履歷。

沒多久，姊姊收到一個面試通知的好消息，這是一家位在坎培拉市購物商場裡的知名北歐風設計文具用品店，我們都很喜歡這個品牌，也很開心她有面試的機會。

爲了這次應試，我們還找了時間先去這家連鎖文具用品店了解產品，對他們的風格、設計還有公司理念等有更廣泛的認識，以因應面試時的可能需求。面試地點是在城西北區購物商場裡的分店，我們抵達沒多久，看到陸續有其他女孩們在店家外面等候，我們猜想，這些大概都是要來面試的。我看了看姊姊的神情，她竟然已經開始緊張起來了。

面試時間一到，我從距離店面遠處觀察了一下，這場面試有將近二十位應試者，這些女孩當中有很多看來都很不錯，有的滿有自信，有的一副很有工作經驗的模樣，有的看來確實比姊姊年齡稍長。

面試完後，姊姊的心情還不錯，但她說自己的機會應該不大，因爲好像只會錄取兩、三位。應徵者當中有不少是大她一、兩屆的同一所大學學生，她說自己表現得不是很理想，沒那麼有自信，過於羞澀了些。

我安慰她說，沒關係，畢竟這是你第一次的職場面試；自信心也是要靠時間經驗累積出來，哪能那麼簡單就「飛漲」起來？

平常心看待面試的挫敗

一週左右，姊姊收到通知，確實沒被錄取。對她來說，當然有點傷心，也多少算是一個挫折，即便她一開始就知道自己被錄取的機會不大，但真要她接受事實，總是殘酷。

想起我們之前跟姊姊在市區購物商場投遞履歷時，我們一直鼓勵她，她卻心有所感地說：「念書只要認真就會有成績，拉琴只要用心總能演奏出個成果來，但跨出來到職場找工作就要有心理準備，需要一關一關地通過各種面試與考核等等，還要能從參與面試與應徵的芸芸眾生中脫穎而出，反而有著許多不可掌握的變數。」

看到姊姊受到挫折，我和妹妹又一起跟姊姊分析著：「你不需要太擔心啦，這份知名連鎖設計風格文具用品店的工作是屬於零售業，應徵的人要是具備零售業經驗的話，相對入選的機會就比較大，或有其他工作經驗者也是。再說，你才剛剛結束高中課程，還沒真正畢業，也未正式進入大學就讀，有點青黃不接的尷尬期。說不定你明年再來應徵，入選機會就大得多了。所以，有時候工作應試的成敗還是要看當時有哪些應試者，如果其中某幾位正好已經具備你所沒有的工作經驗，那你當然不見得有機會。這很正常，就以平常心看待吧！」

後來，我又溫言婉語地跟姊姊說：「你其實要很開心了，起碼你的履歷通過了人事單位的第一關初審，不然怎麼會有這次的面試機會？何況你沒有其他服務、零售業的任何工作經驗，就能獲得這次的面試機會，想想應該覺得自己很不錯了，要很感謝他們給了你這次機會經歷一場近二十人的群組面試活動。多好啊，不用出報名費，只不過花點時間，就可以獲得這個正式職場雇用人員的徵選經驗，不是嗎？」

姊姊釋懷不少，她也知道，邁向職場、找到工作的挑戰才正要開始呢！

開心成為巧克力店員工

教養觀察

無論女兒們在哪裡工作、職場環境的安全與否，我們大人都會特別費心觀察，更會付出時間陪伴與了解。因為我們能夠安心，她們才會放心、專心地投入每一份工作。

姊姊十二年級國際文憑的大考結束後不久，某天同學們的網路社群裡，分享了一則坎培拉市南區即將進駐一家國際知名連鎖M巧克力店的消息，因新店開幕在即，急於尋覓合適的新進員工。姊姊一瞥見這項資訊，就主動找到貼訊息的聯絡人，了解這家新巧克力店的狀況，以及招聘新人的工作細節，當然也表達了想去試試看的興趣。

隔沒多久，全新店面籌備處的人員與姊姊聯繫上，要了姊姊的履歷表，並約了面試時間。姊姊面試當天，是到M巧克力店位於市區西北購物中心的另一家分店，我陪她一起去；因爲到得早，可以比較從容，也有點時間先在裡裡外外走走又看看，發現這家分店是營運得相當不錯的店面。

姊姊準時在面試時間走進店家，和籌備即將開幕分店的經理面談，我則在購物中心找了家咖啡店坐著等待。

充滿甜蜜氛圍的巧克力店

這家M巧克力與咖啡專賣店在我們全家剛搬到坎培拉第一年時，還沒有任何一家分店進駐市區，而我們與M店的初次乍見，是在澳洲昆士蘭州的黃金海岸旅行時，路過了這家M巧克力專賣店，當時店裡擠滿消費人潮，我們好奇地走進去。黑巧克力深棕色系爲主的店面裝潢古雅卻活潑，店面沿著天花板安置了好幾根輸送巧克力的粗管線，將液狀的巧克力分別傳輸到可以流出黑色、白色和融合色巧克力的水龍頭，更連接到店面角落上的兩座分別裝著黑、白巧克力的大型圓筒攪拌機器。

兩座攪拌機不停地緩緩運轉，店內馨香濃郁的巧克力氣息，搭配深色木製的桌椅櫥櫃，以及一包包精美設計感十足的各式巧克力專賣區，成功營造出一個宛若置身巧克力工廠卻又咖啡館風味十足的氛圍。我們看著各年齡層的顧客品嚐著各種巧克力甜點和咖啡，門庭若市，人聲鼎沸，吸引不少人前來駐足消費。

在黃金海岸的隔日，我們全家又在住宿旅館附近看到這家M巧克力分店。那天一早，在兩個女兒們的引頸期盼下，真的就走進店裡吃了一個布滿棉花糖的巧克力披薩早餐！是的，就是以巧克力和棉花糖球做的披薩！

我們還多點了兩杯咖啡，和一份用橢圓型專用杯具盛裝的招牌熱巧克力，當時年僅十四歲的妹妹一路笑咪咪地吃喝著，享受一早的巧克力大餐。我和先生當時覺得不可思議，不太吃甜食的我們，竟被女兒們「騙」來吃了甜甜膩膩的巧克力棉花糖披薩早餐。

兩位年少青春的姊妹們確實吃得既開心又甜蜜，超級羨慕黃金海岸居然有好幾家分店，她們盼望自己居住的首都也能擁有一家，只是暫時事與願違。幾年後，M巧克力店竟也來到我們所居住的城市，而姊姊還可能成爲坎培拉即將新開幕的第二家分店員工。

第一份與社會接軌的工作

坐在購物中心咖啡店看書的我，隔了將近一小時，姊姊來電說面試結束了。

「如何？都還好嗎？」我關心地問。

「錄取囉、錄取囉。但得填一些資料，我現在就來找你。」她開心地說。

姊姊和剛才一起面試的一位女孩找到了我，她說：「媽咪，這是我們學校的學生，小我一屆。」

我和女孩聊了一會兒，了解到她剛念完十一年級，暑假過後要升十二年級。她很開心也被M巧克力店錄取，日後就有機會和姊姊一起在新開幕的分店工作。

姊姊手上拿著一份資料袋，裡面有一些表格要填寫，不外乎是個人基本資料、澳洲稅務號碼、銀行帳戶、可工作時段、退休金帳號等等，填完後再拿回店裡交給籌備分店經理。另外，資料袋裡也裝著一本初晉用員工手冊，裡面詳載工作內容、支薪日期、員工福利和請假規定、休假累積方式、工作倫理與環境、公司文化與工作安全守則規範等等。

嚴格說來，這算是姊姊在擔任家教、學校課輔教師之外，第一份真正走入職場和「社會」、面對多樣人群的工作。姊姊很興奮、很期待，隔天就開始了員工訓練。

因為坐落在市南邊湖濱區域的M新分店還在裝修，所以姊姊這三週的新進人員訓練與實際工作，都要到市區西北方的購物商圈M分店進行；這個地點比較遠，距離我們家近二十公里，所以大多數是我開車接送她往返打工。

戰戰兢兢的實戰體驗

第一天到店裡當班，接受現場培訓與實戰工作的姊姊事後說：「天啊，我實在有點笨拙，連端兩杯咖啡都會在走動時潑溢出來，從櫃檯拿到客人桌子的路程，竟然感覺好像走了好幾哩路之遠，我超緊張的！」

「加油，加油！」我鼓勵她。姊姊又說：「好在客人對第一天當班的員工大多能體恤，也會溫和微笑地給予鼓勵。媽咪，我要是慌張了點，就會不好意思但又勇敢地直接跟人家說抱歉，說這是我第一天當班，如果有不完善之處，還請見諒。說真的，實戰經驗還滿好玩的，對我來說，這真是不錯的訓練。」

「所以，妹妹就說過，你要跨出去，讓自己被現實的『社會』和真正的職場磨一磨。放心吧，你一定可以做好的……」我給她打打氣。

幾天之後，姊姊說隔一個週六會有籌備新分店的新進員工會議。

「喔，新員工會議？幾點鐘？」我好奇地問。

「上午七點半。」她說。

「啥?!你確定……」我很驚訝，怎麼約這麼早？

「我確定啊！」姊姊很有自信地回答。

我只好說：「好早喔，那你一大早就得出門。讓爸爸開車載你去，一方面去確定是否真的有這項會議，一方面幫忙照顧你的安全，畢竟這麼早，整座購物中心通常要九點才開門，而你們七點半以前就要集合，所以爸爸會陪你一起從購物中心停車場走上去M巧克力店的樓層，而且要確定店裡真的有人與會議之後才會離開。」

無論女兒們在哪裡工作、職場環境安全與否，以及對於她們往返工作地點的交通協助與支持，是女兒們多年打工下來，我和先生都會特別費心觀察，更會付出時間陪伴與了解。

我們的想法是，對女兒們的生活與工作拓展並不會直接干涉、介入，但絕對會以監護人的身分時時予以關心與適當了解，尤其是她們找到一份工作的初始階段，要確保大家都能平安、順遂。我們能夠安心，她們才會放心、專心地投入每一份工作。

◆第一次在黃金海岸旅行時，我們在 M 巧克力店點了巧克力比薩。

就算旅行也要考察

教養觀察

如果孩子能將所有工作都正面看待，那這一份工作所能帶給十幾歲青少年的啟發，將遠遠比大人眼中、腦中所看和所想的要豐富太多了。

M巧克力分店一大早的集訓會議，有從雪梨總公司過來的高階主管和培訓講員，以及籌備分店的經理和新聘的員工；主管們所講述的是M公司文化與理念，講述其巧克力店的發跡歷程，我家大女兒在新員工當中不僅聽得入神，也覺得收穫滿滿。

當時，她十八歲，生平首次參加此類感覺有些「正式」的公司內部培訓會議，第一次聽到一個企業的介紹簡報，了解其發跡與成長史。對於一個從以色列開始的M店，再拓展到全球連鎖，讓姊姊為這個歷史不算悠久、但發展逐步成熟的巧克力品牌感到興致盎然。

十八般武藝於一身的工作

作爲M巧克力店的員工，必須具備「十八般武藝」，就像任何一家完整的餐飲店。在我們居住城市的M巧克力分店不像一些專門咖啡店家，配置了各種「專屬」型員工，也就是外場有外場招呼點餐的，內勤有負責廚藝和清洗打掃的，泡咖啡就有專職咖啡師，而甜點也會有專職點心師傅等等。

姊姊工作的這家坎培拉M巧克力分店裡，幾乎所有員工都得同時要能做巧克力餐、準備糕點、沖泡咖啡、茶飲等等，絕大多數的工作項目都要能上手。所以要能站在收銀台後面接受客人點餐，要能在廚房和吧檯製作餐點、糕點、準備巧克力火鍋的食材，還要能做外場招呼客人，要能清理桌面，更要能學會泡咖啡，而且還不能泡得太差，因爲澳洲人對喝咖

◆姊姊在M巧克力店的工作不僅要負責餐飲部門，同時要兼顧巧克力商品專區的販售、管理、清點和包裝。

啡情有獨鍾、也非常講究。最後，員工還要能夠銷售巧克力專賣區的各種精緻巧克力，以及能夠包裝巧克力禮品、禮盒。

這對從未接觸過任何服務業的姊姊來說，確實是個不錯的職場開端，而且學習十八般武藝於一身。所有M店裡的大小事，對姊姊都充滿著新鮮感，她很樂觀的，以趣味十足、勤奮學習的心情，展開了其實很辛苦的第一份職場型工作。

一個月之後，M公司在坎培拉市南區的新分店終於開張營業，姊姊這批新招進來但已經培訓月餘的員工，就成了第一批幫忙安置新店、讓新店正常營運的人員。她們花了不少時間將各種新裝設、新送達店裡的裝備和器具用品，從無到有一一備妥、上架和陳列好，將原本空空蕩蕩的巧克力專售區櫥櫃裡一一放置、填滿各類特色商品。這段時間，姊姊真的充分體驗到一家店的草創、籌備、初始營運，同時也歷經店家的調適、改善時期。

職業病發作

當時正值南半球的夏季，姊妹倆正逢暑假，所以找了一個姊妹倆都沒排班打工的週末長假期到雪梨去玩。那年的十二月雪梨行，我們除了原本計畫好要去的地方之外，還臨時插入了好幾個「景點」，而那幾處特定拜訪的，就是陪著姊姊尋覓、觀察M巧克力在雪梨不同地區的分店。

姊姊當時是玩真的，她既認真又好奇地想要認識自己正式開始打工的店鋪形態、店家裝潢和其他員工的忙碌身影。所以即使來到雪梨「休假」，她都不放過自己，順道自主性地「考察」起來。而和她一樣天性好奇的我，當然也在一旁開心地作陪，一起對各店家品頭論足、細心觀察，最後連先生和妹妹都乾脆加入，大家一路上嘰嘰喳喳地講個不停，分享、討論各自的心得。

三天的雪梨行腳，我們至少看了五家M巧克力分店，其中兩家其實是正好在逛街時路過，一看到就不由自主地轉進去逛了一陣；另外三家，就真的是爲了姊姊要「做功課」而特別Google找到的鄰近店家。

來到雪梨近郊著名曼利海灘（Manly Beach）區的渡輪碼頭港灣，不僅發現了美麗景緻、氣氛宜人的M巧克力店，還在碼頭站裡看到妹妹當時還在工作的義大利冰淇淋分店。自從兩個女兒開始打工後不久，我們一家連出外旅行，都免不了跟著女兒們一起「職業病」發作般觀察她倆工作的其他分店，品頭論足考察一番。

每次只要一看到她倆所屬公司的分店，就會自行啓動銳利的雙眼來探索店家所在區域、進出店面與周邊流動人潮、店內動線的配置與擺設等等。我們起初總會興奮地拿出手機拍啊拍的，一家子都感覺到跟自己極有關聯似的；姊妹倆更是一模一樣的興奮與新奇，不管是誰工作的分店都很開心地看啊逛的。

工作帶來新視野

這樣的習慣，我們一家竟延續了好幾年，至今未變。唯一差別，或許是幾年來姊妹倆所歷經和接觸過的工作不少，大家看到後來的興奮度多少降低了許多，這是因爲對店家已經很熟悉，各項工作內容與流程也都了然於胸，所以不再像初學者般的劉姥姥進大觀園，從頭到尾都要睜大眼睛看。

但我們對於姊妹倆較新開始接觸的工作，還是會重新啓動興奮探索的同一模式去看啊逛的，連回台灣一看到同一個品牌的分店時，都仍然興奮不已地衝過去好好看一看。除了在外面連拍好幾張照片之外，還會特別深入店家逛逛，不僅仔細看看店裡賣的商品是否與她們在澳洲的分店相同，也找找是不是有其他不同的樣式或陳列方法。

妹妹大二的寒假，到新加坡國立大學去交換學習期間，在購物商場裡看到自己曾經做過近三年的澳洲B健康果汁店，就很自然地往店面看板瞧了一陣，看看新加坡的定價和果汁商品組合等是否與澳洲相似。果不其然，一樣的「不便宜」。然而所有店家的企業識別，卻是一樣顯著及好認。

每次當她在新加坡瞥見P牌珠寶飾品分店也都會特別看一下，不僅想要看看店面的相似與差異，也觀察櫥窗裡的擺設是否也因地制宜而各具特色。

姊妹倆從工作帶進生活裡的「觀察」習慣，對她們來說，已經不只是一個打工機會。不只是在面對需要服務的客人，不只是像很多亞洲父母所想的孩子在端盤子、泡咖啡，或

「卑微」地清理桌椅、打掃環境。姊妹倆把工作與職場當成了自身歷練心得，作爲開拓視野的墊腳石；如果她們能將所有工作都正面看待，那這一份工作所能帶給十幾歲青少年的啓發，將遠遠比大人眼中、腦中所看和所想的要豐富太多了。

那些旅行中所出現探索店面的「插播」節目，以及驚鴻一瞥或刻意觀察哪一家既熟識又有感的店家，讓我們的旅行頻頻改變原訂計畫。每當家裡有一人多接觸了一個新行業，其他家庭成員突然間也就隨著擴大了視野，因而關切、關注的範圍與事情也瞬間擴增。

◆ 2016 年底回台北，妹妹在東區看到曾經在澳洲工作三年的果汁分店。

孩子工作，爸媽興奮

教養觀察

不同國籍、族裔的家庭都以相似心境與溫暖在陪伴孩子，直接或默默地給予他們支持，希望孩子在「轉大人」的歷程，能從家人身上獲得足夠的關懷和實質協助，讓他們在蛻變長大的過程中都能更為平順、自在與安全。

家裡兩個孩子開始打工的初期，爸媽竟然也跟著異常興奮起來。

每逢要到友人家作客或喝茶聊天，我就會光顧大女兒工作的M巧克力店，很認真地在店裡挑選一、兩項合適的巧克力伴手禮；我不僅會購買女兒打工店裡的東西當小禮物，有時還會約朋友到店裡喝咖啡。

同樣地，當小女兒在B健康果汁店打工時期，爸媽要是正好路過果汁店所在的購物商場，偶來就會去買杯果汁來喝，讓自己和女兒一起「身歷其境」。話說回來，所謂的「身歷其境」，應該算是孩子在辛勤工作流著汗水，父母在一旁納涼休憩，心裡高喊著加油、加油，但卻是在消磨享受週末的午後，順道消費一下。

A B

A◆在 M 巧克力店打工的姊姊，正準備端餐飲給客人。

B◆這是位於黃金海岸的 M 巧克力店裡的巧克力攪拌機，裝飾得很有巧思。

父母心中的小驕傲

有一回，我們接待了從雪梨專程到坎培拉造訪的一對友人夫婦，大家去逛了坎培拉春季的年度花博展之後，就到購物中心走走。我們一行四人經過妹妹正在打工的果汁店，朋友看到妹妹正在揮汗忙碌，竟然超興奮地拿起手機拍了兩張她認真工作的模樣，逗得妹妹笑開懷。朋友當下就說，咱們都來買一杯吧。那天，遇見在果汁店工作的妹妹，順道買了一杯果汁，成了雪梨朋友夫婦來坎培拉遊歷的一件樂事。

我們這一對爸媽和朋友們真不知在興奮什麼，總之，大概是看見青春年少的孩子努力在打工做事，大人一開心，引起腎上腺素自然激增，就不自主地掏錢消費起來了。

妹妹最早在G義大利冰淇淋店工作時，我們當然偶爾也會光顧一下，買個一、兩球冰淇淋嚐嚐。沒多久，我們就被「慣壞」了，開始吃不慣超市裡賣的大量製造冰淇淋，開始覺得手工製造的義大利式冰淇淋才有所謂真正的冰淇淋滋味。

就這樣，我們一家從手工冰淇淋到健康果汁，再到專賣巧克力餐飲，大家的味蕾不斷地被這些氣息一再提升，一下子要求巧克力就是要香濃醇郁，一下子又要求果汁最好是現榨新鮮，還要求冰淇淋的風味要道地甘甜。從餐飲服務業再到姊妹們後來都轉入的零售業等，幾乎都有我們一家大小行經消費過的心得，以及親身體驗過的各種感受。

有一次姊姊在巧克力店當班，我正好在湖邊散步路過店面，看到店裡客人雖然不多，卻意外曾見一位澳洲白人媽媽很興奮地在裡面招呼著說：「來，拍張照片吧！」回家後，姊姊跟我說：「喔，那是一位新來年輕同事的媽媽，這位媽咪超興奮自己的女兒在這裡打工，就趕快幫她拍了一張照片留念。」

我笑翻了，心想，這位年僅十六、七歲澳洲女孩的媽媽大概在想：喔，天啊，女兒「終於」獨當一面了，只要她自願出去打工，只要不是窩在家裡滑手機、看電視，光這一點，就會讓媽媽心底油然生出那一絲絲的小驕傲！

天下父母心

這幾年間，我也看到不少澳洲白人家庭的父母對孩子出外工作的各種配合；女兒們在應徵面試到初期打工階段，我們幾乎會負責全程接送往返，因爲當時她們還沒取得可以自行開車的P牌駕照（Provisional License，澳洲中階學習駕照，已經可以獨自駕駛），更因爲家裡的車輛有限，無法讓每個人想把車子開走就開走。

我們幫忙接送，有時是因大家時間分配的關係，有時因爲交通與環境的安全考量，有時則因爲坎培拉的大眾運輸確實有不便利之處。後來，我也看到不少澳洲父母和其他族裔的爸媽，在他們青少年孩子進入職場打工的初期，和我們有著相似的考量，不論是接送、陪同或等候的大有人在。天下父母心，不論哪個族裔，其實都能感同身受。

老實說，孩子們打工的時間多半不太固定而且十分零碎；平日要幫著接送上下學或課外活動，如果再外加一、兩項興趣才藝課，就已經夠大人忙的。現在要是再加上打工的接送，那真的足以讓一整個家庭都隨著女兒們的作息團團轉。

孩子打工，有時還得幫忙帶便當或簡餐什麼的，因爲工作中的休息時間可能不到半小時，帶個餐食反而省事方便，也可讓自己有點時間休息。妹妹在G義大利冰淇淋店打工時，有位澳洲籍義大利裔的女同學和妹妹在同一家店工作，她的身型和模樣從遠處乍看之下，與我們家妹妹還真有些相似，我開玩笑地說：「媽咪要是沒仔細看，還以爲是你呢。」

妹妹說，她每次和這位高中同屆同學一起上週六傍晚冰淇淋店的班，這同學的家裡還會送便當來，我聽了直覺窩心也感到可愛；原來，不同國籍、族裔的家庭也以相似心境與溫暖在陪伴孩子。有時或以不同的形式與行動，直接或默默地給予他們支持。

這些支持，不過就是希望孩子在這段「轉大人」的歷程，能夠從家人身上獲得足夠的關懷和實質協助，讓他們在蛻變長大的過程中，不論就學、打工、生活，都能更爲平順、自在與安全。

個人在外生活，一切起居打理自然得靠她自己。聽她說，學校住宿的房間還整理得相當好，幾乎成了宿舍裡其他學生認定為整齊清潔的「楷模」（不過，她平日在家的環境算起來是滿亂的，我和妹妹最喜歡揶揄她）。大女兒在美國東岸大學的學生宿舍五個月半中，還三不五時會買一束經濟實惠又可負擔得起的花，美美的插在喝完的透明飲料瓶罐裡。她深有感悟地說，如果一杯半咖啡的錢就可以買一小撮花，那我寧願買花擺放起來，至少可以讓生活開心一個多禮拜。

大女兒完全能夠自理生活的一切，確實讓我和小女兒都瞠目結舌、讚嘆不已。而妹妹到新加坡國立大學去交換五週，生活住宿也是一切都得自理；人一旦出門在外，當然就只能靠自己了，姊妹倆本來就有好幾次這樣的體驗，也都很能自立。

然而本書出版時，我和先生應該已經搬回台灣居住，女兒們則要繼續留在澳洲完成學業。當然，她們兩人面對所有的家務事，不論有無打工，還是到校上課念書，都得自己扛起來。不過，這應該難不倒她們的。

◆姊姊到美國做交換學生時，總會將宿舍房間打理得很不錯。

Q 孩子打工這件事，會不會引發親子間的爭吵？

A 還好，一家人在一起生活，本來就會出現意見相左的拌嘴之類，所以親子間偶來的口角爭辯本就再平常不過。

可是就打工來說，女兒們一旦決定了，就決定了，不大需要父母和她們爭吵些什麼。一般會產生爭執的起源，大多是父母與孩子們對打工的理解和態度不同，甚至基本概念也不一樣，當然要是加上彼此間的溝通不足，導致誤解與不信任，那恐怕凡事都會吵嚷一陣。

就我們家來說，打工這檔事，大家都很有共識。就我來說，因為已經花了不少時間去了解孩子的工作內容、求職過程、職場環境與工作情緒，所以親子間有很深厚的互信，孩子會覺得跟我們談話是有意義的，大人的話語內容是有建設性的。

我們做父母的，扮演得好就像女兒們的良師益友，不是一味反對或置之不理，或甚至跟不上她們的思考以及探索跨出的腳步。也正因為親子雙方都有彼此積極、真心付出的關懷與回應，反而因為打工使得親子間的關係更為親密，更像相互扶持的朋友。

Q 孩子打工，就不用分擔家務？

A 妹妹說，這問題好像把兩碼子事混為一談，因為這兩者本來就並行不悖，沒有做了家事就不能打工或打工就會耽誤了做家事。

我們的家庭對於家事，本來就是誰有空、誰就多做一些。這幾年，我相對之下比較「不事生產」，就很自然地多分擔一些家務。但撰寫這本書時，以及女兒們這幾年打工、就學期間，正好一家人還住在同一屋簷下，所以大家就一起相互幫忙，沒有「傳統式」嚴格區分誰應該做什麼。

真的是誰的時間多一些，誰就主動多做那麼一點吧。我本來就不是一個「誰主內、誰主外」觀念至上的人，所以當媽媽累了、不想做家務時就會擺爛一下，反正一定會有人去接手做。所以大家已經習慣於互相扶持與包容，孩子們不需要面臨打工和家事何者為重的無謂抉擇。

大女兒去美國當交換生的大半年裡，她一

第四話

中文保母大挑戰

The Challenges of Being a Mandarin Nanny

有趣的差事

教養觀察

任何一份打工，「安全」，永遠至關重要，能夠在事前和女兒一同多些了解、認識，除了是一貫關心外，也是善盡「監護」職責。

不到三歲的里莎，爸媽剛結束澳洲派駐中國大陸北京的工作，搬回到澳洲定居。

里莎的全職雙薪爸媽希望幫她找一位保母，不僅能夠平日週一至週五下午四點半到幼兒園接她下課，而且中英文都要流利；也就是準時到幼兒園接她，開車載里莎回家，一路陪伴她到傍晚六點半左右，直到里莎爸媽其中一人下班返家接手照顧爲止，但是要全程跟里莎講中文。

里莎的爸媽想透過熟識的澳洲友人找到合適的人選；我家小女兒在她大學擔任行政助理工作，一位同事和她討論到這份有趣的差事。同事覺得小女兒滿適合的，當下問妹妹是否有興趣？隨即將這份工作的介紹信函轉給妹妹了解參考。

妹妹收到後，當天傍晚回家就和我討論。她說自己有意願去試試，我也相當鼓勵她，隨後她回覆了同事。這位同事就寫了封信給里莎爸媽委託的轉介友人，信中介紹小女兒的背景、人格特質、學歷和工作經驗等等。兩天後，妹妹收到里莎爸媽的來信，請她抽空大家見個面，也順道面試一下。

課業、打工撞一起，能勝任嗎？

這份工作一開始就深深吸引我家妹妹不是因爲當「保母」，而是妹妹必須在陪伴過程中，和金髮藍眼的澳洲小女孩講中文；對小女兒來說，這是一個重新思索、觀察自己的好機會，也就是思考自己和姊姊是如何成爲一個雙語甚至多語言使用者的歷程。

當里莎的保母，是當時剛剛滿十九歲小女兒的第八份工作；是的，第八份工作！當時大二上的她，嚴格說來，每週已有兩份半的工作，所以她決定去應試里莎保母工作前夕，我還不太確定她的時間能否妥善搭配得當。

我或多或少有些擔心，一方面顧忌她的時間分配不夠，另一方面是想到剛滿十九歲的她，要開車載著別人的寶貝女娃兒，這責任多重大啊！假若無法在時間上充分配合，準時去接里莎，該如何面對與因應？大學的課堂、課業和其他打工時間，妹妹究竟應該如何處理與分配較爲合理，才不會讓自己過於勞累？

但當時的妹妹自信滿滿，有十足把握認爲自己可以勝任無虞。

做母親的，要識相地適可而止

里莎的爸媽約了小女兒在週日午後到他們家裡聊聊，相互了解一番。小女兒在前一天傳了一份履歷過去，好讓他們在見面前先對她有些了解。當天，我選擇一道前往，這是妹妹在澳洲應徵過這麼多份工作的面試裡，我第一次陪她一同去看「職場環境」。

妹妹其他的工作面試或應徵過程，即便最初開始找工作（妹妹十四、五歲時），我最多就是在一旁半隱匿式地側面默默觀察，不然她會翻白眼，以爲你當她是「小孩子」；做母親的，要是「不識相」地不知適可而止，就別想跟女兒們保持良好的親子關係，別想她們會和你無話不談，或妄想她們會喜孜孜地分享生活和工作上的訊息與體驗。

小女兒同意我一道前往的原因無他，因爲這次去的是首次見面的陌生人家裡，所以安全絕對是最大考量，不然就得主動要求選擇約在公共場所見面。但這份工作未來的地點是在別人家中，確實要大家相互有所認識，不論是對人、對環境，能先熟悉是最好不過的。

妹妹很清楚知道媽咪爲何而去，我們倆默契十足。我也和妹妹事先坦然溝通過，希望能一起對這份工作的對象、環境與安全性多些了解，這樣不僅我會比較安心，她也能真正放心。

任何一份打工，「安全」，永遠至關重要，能夠在事前和女兒一同多些了解、認識，除了是我對她的一貫關心外，也是善盡「監護」職責。畢竟這份工作，除了要讓小女兒能夠想辦法搞定三歲的小小里莎外，更重要的，不外乎是職場環境是否ＯＫ、對里莎爸媽的相互認識，以及如何建立彼此間的信賴。

戲劇化的每一天

教養觀察

出於天性使然，當孩子所處的大環境產生重大轉變，自我保護本能就自然地浮現出來。孩子是天性敏感的，即便不到三歲的孩子也相同。

曾跟著澳洲爸媽在北京生活兩年多的里莎，她媽媽當初從中國大陸返回澳洲雪梨生下她，再帶她一同回去北京居住。在北京居住時，家裡平日有一位「阿姨」（中國大陸稱保母爲「阿姨」）幫忙照料里莎，讓里莎自零歲起，就有機會在一個有人講中文的環境下長大。

他們一家搬回澳洲後，里莎的爸媽希望還不到三歲的她能有機會持續聽、講中文，因此才會費心地幫她找一位能說中英文的保母。

不過，出於天性使然，當孩子所處的大環境產生重大轉變，自我保護本能就自然地浮現出來。回到澳洲的里莎，在這個陽光、空氣、水質和中國大陸都截然不同的家鄉，又進入一個全英語環境的澳洲幼兒園，她該如何接受不同的語文與環境轉化？她爲何還要持續著聽、講中文？她是否該執著於全英文的環境？想辦法不讓自己如此的「與眾不同」？恐怕都對小小年紀的里莎產生一定的衝擊。

孩子是天性敏感的，即便不到三歲的孩子也相同。

三歲娃的抗議

里莎聰明靈敏，當大人希望里莎在已經轉為全英文的環境中，還能自然持續聽、講中文，她就是偏不要。這是她對大環境變遷的不適應，甚至是一種抗議。這是她對學習與生活轉換的抗爭方式，這是她對無法完全掌握自己說什麼語言的不滿，這是她對父母要上班又不能接她下課、將她交給一個不熟識保母的無言抗議。她雖然「只是」一個小小孩，卻聰明的不再使用原本熟悉的中文來表達心中的不安。

小女兒剛開始當里莎中文保母的頭三週到一個月，基本上是辛苦的，工作一點也不輕鬆。我跟女兒說：「是啊，哪有一份工作是從頭開始就很輕鬆容易的?!不同工作，多少會有一定的挑戰！」

好幾次，小女兒差點就被里莎氣昏了。一天，她接里莎放學回家，里莎卻故意擺個大臭臉給妹妹看，可能里莎覺得怎麼又是你來？為什麼不是我媽媽下班來接我？一直喊著：

「我要媽媽、媽媽！」

又一回，里莎拒不上小女兒的車，怎麼勸她就是不上車，還在路邊放聲哭鬧起來！一連好幾天，妹妹都得在幼兒園搞上好長一段時間，才能將這位小娃兒「請上車」，讓她順利坐進車上的娃娃專用座椅，幫她繫好安全帶後，才能安心開車載她回她家。

就算會中文，還是堅持說英文

里莎的父母很用心，小女兒開始工作的第一週，他們分別安排了里莎的外公和奶奶在不同時候從雪梨來坎培拉住上幾天，希望兩位老人家可以協助里莎在環境轉換時平順些；外公和奶奶的專程前來，也是爲了讓我家妹妹熟悉、認識，好一起協助緩和度過里莎的調適期。

但是，小小里莎根本不是省油的燈。有次她用英文跟妹妹說：「I know how to speak Mandarin but I am not going to speak to you!」（我知道如何說中文，但我才不跟你說呢！）妹妹笑而不答，因爲妹妹知道這是過渡期，終有一天，里莎會走過這段日子。

漸漸地，隨著兩人相處得愈來愈平順，里莎對妹妹的信賴感愈來愈強；雖然妹妹從一開始就只跟里莎說中文，里莎也一直堅持她不說中文的「酷」模樣，總以英文來回答。不過，妹妹和我都知道，要耐心、要守候，假以時日，當里莎愈來愈適應妹妹的陪伴、愈來愈熟悉澳洲的生活與環境後，她才會逐漸放下心防，講出成句的中文來。

A ◆ 曾隨著爸媽在北京生活過兩年的里莎。

B ◆ 妹妹帶著剛從幼兒園下課的里莎到澳洲國立美術館湖邊的雕塑公園。

不可以說自己胖

教養觀察

兩歲多的孩子，活潑、健康又可愛得不得了，雖然看起來壯碩了點，但實在不應該直接以成人眼裡的高矮胖瘦去套在他們身上，還讓孩子心裡刻下了這種印象。

本來，我不很確定小女兒能否愉快勝任中文保母，但這段期間下來，我卻意外發現，不論小女兒或大女兒，她們都是很不錯的大人，過往所接受的教育和成長經驗，不僅讓她們成爲開明、溫和、有主見、有自尊、懂得愛人與被愛，更成爲擁有同理心、尊重他人的成人，不論在面對銀髮族的長輩、中壯時期的大人、學齡的小孩，或甚至是學齡前的小小孩都一樣。

小女孩的自責

不滿三歲的里莎，偶來還是會有情緒，還是會有點不講道理，但她也會不時地語出驚人，不時地讓你刮目相看，不時地記住大人曾經對她說過的話。

有天，小女兒從幼兒園接了里莎下課，當里莎坐上妹妹的車子之後，妹妹怎樣也扣不住幼兒座椅上的安全帶；當時正逢南半球深冬，下午五點鐘就已天色昏暗，妹妹屢試不成，里莎也有些急了，連忙說要幫忙。最後她乾脆幫妹妹拿著按有手電筒照明的手機，此時，心急如焚的里莎竟然脫口說了一句：「Because I am too fat!」（就因爲我太胖了啦！）

妹妹在忙亂之中，很專注地看著怪自己太胖的小小里莎，並以誠懇溫和又鎮定的口吻用中文跟她說：「不是的，不是這樣的，是因爲你剛剛上車時玩了安全帶，不小心將安全帶的帶子多拉了出來，而我一下子不知道怎麼調整回來。你沒有太胖，也不可以說自己胖！」

妹妹繼續以堅定誠懇的口吻對著里莎說：「你是 grown up（長大了），是 big girl（大女孩），也是 healthy girl（健康的女孩）。」

成人眼中的刻板評斷

當晚，妹妹從里莎家離去之前，跟剛進門的里莎爸爸說：「里莎今天說自己胖，我覺得她不應該這樣說自己。」

里莎爸爸回覆說：「謝謝你告訴我們，我知道了，我們以後會注意，這應該是當時在中國大陸，那裡的阿姨偶爾會開玩笑說里莎很胖。」

小女兒回家後告訴我這件事，她說：「媽咪，這真是文化認知上的大不同；我們怎麼可以隨便去跟一個小小孩說她很胖呢?!真的不可以直接用『外型』去評斷孩子或去講孩子，強化他們在這年紀就對自己的高矮胖瘦有不正確的認知，這是不對的，這會對孩子的自尊造成傷害！」

我暗自驚喜，對剛滿十九歲的妹妹當下給里莎的即刻回應，以及讓里莎父親知曉這件事，我給予小女兒相當大的肯定，也對她這麼人性、溫煦的生命觀點而感到開心。

里莎，真的一點都不胖！或許在一般亞洲人的眼裡，她看似「壯碩」了點，但是兩歲多的孩子，活潑、健康又可愛得不得了，實在不應該直接以成人眼裡的高矮胖瘦去套在他們身上，還讓孩子心裡刻下了這種印象。

創意組合愛心項鍊

教養觀察

就像學習所有「非母語」孩子的父母，以為孩子一接觸某種語言環境之後，就能即刻延續外語或能立馬開口說出外語。我和女兒們都深刻體會到，一切都需要時間，以及心身上的調適。許多事，根本無法操之過急。

小女兒平時會佩掛一條兩個愛心形狀相交疊的項鍊墜子，這是小小里莎的最愛。當里莎第一次看到妹妹戴這條項鍊時，就輕撫著項鍊跟妹妹說了兩個中文字：「愛——心——」然後又用英文說：「你以後都戴著愛心項鍊來，好嗎？」

好幾次，小女兒剛從P牌珠寶飾品店打工下班，就直接去幼兒園接里莎下課，來不及換下制服，也來不及配戴上里莎最喜愛的愛心項鍊；P牌珠寶飾品店是小女兒的另一份工作，在P牌珠寶店打工時，女兒只能戴上公司品牌的飾品。

眼尖又機靈的小小里莎，從妹妹手腕上的P牌蛇鍊吊飾中，找出了三個有小小愛心花樣的吊飾後，跟妹妹說：「You can put them on necklace...」（你可以把它們換成項鍊吊飾……）

那晚，妹妹從里莎家下班後回到我們家，我看她把三個愛心型狀的P牌吊飾換到項鍊上，再將原本P牌公司同事們在今年共同送她的生日禮物珍珠墜子，轉換到手鍊上當垂吊飾品。

我驚豔地稱讚妹妹：「這樣的組合也好好看！」

妹妹開心地回我：「媽咪——這全是里莎的小主意！」

我倆不約而同的，對一個小小孩的觀察力、對愛心吊飾的執著以及潛在直覺式的美感，讚嘆不已！

最美好的回應

記得陪同小女兒第一次去里莎家裡，她就只對我們講了兩個中文字，就是在我們起身要離開時說了「再見」。這兩、三個月下來，小里莎雖然仍是三緘其口地不願說出成句的中文，卻偶爾會脫口說出幾個中文字或一、兩個斷續的句子，來回應妹妹或我們之間的對話，這證明她幾乎可以聽懂妹妹所說的中文。

她會在妹妹用中文提醒她要小心時，直接反應著說：「I am 小心！」（我有小心！）這麼一句可愛的中英文交雜，完全了解妹妹提醒她的話語。

里莎的父母或祖父母們總會心急地問：「爲什麼她還不願意講中文？」這就像是學習所有「非母語」孩子的父母般，不免心急。有時甚至會操之過急，以爲孩子一接觸某種語言環境之後，就能即刻延續外語或能立馬開口說出外語。

我和女兒們都深刻體會到，一切都需要時間，以及心身上的調適。時間到了，很自然會水到渠成。或許，我們能如此坦然看待，也願意耐心等候，不外乎我們曾是過來人，在不同國度、文化、語言之間轉換過無數次，所以更能充分體認；許多事，根本無法操之過急。

◆那天，澳洲國家美術館正好有活動，姊妹倆開心地帶著里莎前往參加。

我常跟小女兒說，你這段期間有三份半的工作，但小小里莎給你最大的喜悅和回報，恐怕和其他工作上所能帶來的愉悅之感大不同吧?!

妹妹溫和地點了點頭，對我的評論，似乎很認同。

Q 為什麼西方國家的父母積極讓孩子學中文？

A 中文保母這份工作，是女兒們在二〇一七年初的意外收穫，這似乎是二十一世紀的世代才會碰上的機會，沒想到女兒竟也遇上了，而且還極感興趣。近年來，有愈來愈多的外國家庭開始思考如何讓孩子接觸、學習中文，美國總統川普的女兒伊凡卡家裡，雇有一位中文保母專門教她女兒（川普的孫女）講中文；有陣子網路盛傳，疑似臉書創辦人祖克柏要為孩子找一位中文保母，開出年薪十一至十三萬美元。

里莎的爸媽是澳洲聯邦政府官員，同樣也跟上這波世界新潮流，給小女孩找個中文保母。這也讓我不禁聯想到，當亞洲父母期許孩子自小學習英文之際，這些來自不同國家的西方父母，也期許自己的孩子日後能說中文；全球化的世界，大家雖然分處於不同的地域、文化與環境，卻有著極相似的拉近彼此距離心態。

這或許是十年河東十年河西的風水輪流轉吧，但單單就語言的學習來說，以及為人父母的心態而言，東西方父母一樣希望自己的孩子，能具備一兩種嫻熟運用全球強勢語言的能力，這除了是期許能具備跨文化溝通能力的培養之外，也是一把有利於孩子未來的「刷子」。

看來，當我們和孩子花時間學習英文或其他外語時，似乎不需要特別抱怨或惋嘆，這一切不都是為了讓自己成長，讓自己多一份對日後工作與生活，可能會有益處的能耐罷了。

第五話

沒有工作是容易的

No Job is Easy

菜鳥不要挑工作

教養觀察

進入職場，在任何一個工作環境，「菜鳥」本來就應該要有心理準備讓自己多歷練、多接受挑戰。無論男孩女孩都要能勇於任事，而不是被養成為只知恃寵而驕、成事不足的嬌嬌女。

大女兒在新開張的M巧克力分店工作初期，覺得工作內容算輕鬆自如，當時店家所在的湖濱南岸才剛開發成住商混合新區域不久，沿著湖岸邊的碼頭與步道建設尚未完工，船艇靠泊的設施也在興築中，周邊鄰近仍有不少未啓造的工程。

當時整個湖濱新區的咖啡廳、餐廳與酒吧等店家，只有零星一、兩家開始正式營業，M巧克力分店算是這裡餐飲店的先驅，但現階段的客人不多，所以姊姊的工作量也不大。

「都沒什麼客人，好希望能多點人來店裡消費。」姊姊語帶抱怨地說。

「這個你就放心吧，媽咪認爲，不用多久時間，你們這家店就會門庭若市了！」我很有自信地跟她說，雖然她一時三刻還無法想見人聲鼎沸的景象。

慢慢地，M巧克力店隔壁的餐廳開幕，隔壁的隔壁又一家餐館開始營業，整個湖濱步道與碼頭區逐漸開始聚集了人氣。

忙碌的餐飲服務業

當初姊姊最早提到要應徵這份工作時，我問她工作地點在哪裡，她說是在市區南邊的金斯頓（Kingston）區域。有次我正好路過那裡，順道去看了一下，我轉了一大圈，回家後跟姊姊說：「應該不是在那裡！」隨後才發現，原來是位在新開發的金斯頓新碼頭港岸住商綜合區。

我跟姊姊說：「M巧克力店還在這個新區開店頗有遠見，這裡發展遠景很強。」她大概有聽沒有懂，畢竟還沒機會了解太多有關地區開發的概念，她似乎不知道我在畫什麼餅。

結果，不到兩、三個月的工作時間，M巧克力店每逢週末或天氣晴朗溫煦的好日子就會人潮洶湧，開始讓店家深感人手不足，不僅每個工作人員忙得團團轉，好幾次姊姊還忙到飆淚。她氣憤地說：「竟然有同事臨時說不來，就真的沒出現，經理一下子根本來不及打電話找人補足，只好把我們一個人當三個人用。眼睜睜看著客人不斷進來，我們幾個裡裡外外忙著，根本來不及應付。」

好幾回，我在湖區走逛時，確實也觀察到巧克力店的人手不夠，許多客人離開後的桌面根本來不及清理，忙著幫進店家的客人點餐、送餐的員工們，真要有三頭六臂的能力和超級耐心，才能在送完餐後還能轉身顧及到清整杯盤桌椅。

這就是餐飲服務業的基本特性。不忙時，或許顯得無聊、無趣，但一忙起來，根本連喘口氣、休息一下的機會都沒有。

姊姊剛開始工作的初期階段，有朋友正好路過巧克力店，看店內空曠、員工悠閒，還進去跟姊姊話家常一番。而同一週的週日下午，這位朋友在市區購物商場的果汁店看到妹妹，只見妹妹忙得像陀螺般停不下來。

好一陣子後，這位朋友來我家看到妹妹時，開玩笑似地跟她說：「你怎麼不去找一份和姊姊一樣『輕鬆』的工作啊？」

多歷練才能了解工作全貌

當巧克力店的餐飲生意逐漸上軌道後，姊姊的工作愈發忙碌。好幾次她做晚班，都得忙到半夜甚至凌晨一點多鐘，才能清整完店面，下班回家。爲了她的安全，我們就配合時間開車去接她下班。

每逢深夜時分的坎培拉，完全沒有大眾運輸工具在營運，而餐飲服務業在夜間關店後，仍然必須仔細地清潔收拾，並爲隔日開店做先期備料的準備工作。即使已經很晚了，店內員工也無法趕客人離開，加上龐雜的關店收拾需要時間，總是讓姊姊的晚班下班時間變得非常不確定。

本來以爲十點半打烊，通常一小時左右收拾完，但往往會一直忙到大半夜。如果週末晚間是十二點鐘打烊，那結束清掃整理的時間就是深夜一點多了。爸爸很擔心她是所有員工中最後一個被家人接走而落單在店外枯等，很不安全，所以總會提早到巧克力店外停車等候，好幾次就這樣在外面等上近一小時才接到她，而我也得等到女兒和爸爸都平安回到家，才能安心入睡。

姊姊剛開始工作之際，我們建議過她還不要「挑班」，也就是最好所有不同時段的工作都能經歷，所以她做過清晨開店的早班，也做過負責關店收拾的晚班。至於其他較輕鬆自由的午班及下午到傍晚的班別等等，她都一一做過。我們不希望孩子們一工作就想要挑三揀四，在態度上顯得很沒擔當，也無法真正深入了解一份工作的全貌，否則久而久之，以後一定會怕事，更容易遇事就想閃躲逃避。

我們始終認爲，進入職場，在任何一個工作環境，「菜鳥」本來就應該要有心理準備讓自己多歷練、多接受挑戰，而我們始終希望，無論男孩女孩都要能勇於任事，而不是被養成爲只知恃寵而驕、成事不足的嬌嬌女。

在M巧克力店陸續做了三年多的姊姊，咖啡泡出心得，巧克力店的零售販賣、包裝禮品和清點存貨也都很擅長，外場服務、內場製作等各項工作都難不倒她。而且她每次工作時，還可以和同事、客人們交流聊天，所以工作雖然辛苦，也滿耗費精神體力，但整體說來，她算是勝任愉快。

◆在巧克力店工作，也要負責節慶的擺設。

工作做到飆淚

教養觀察

年輕人本就該多磨練，遇到一些心酸、挫折未必不是好事。畢竟世上有哪份工作不會遇到任何不順、挫折，不會出現令人難過、發飆的事，除非真的可以不為五斗米折腰，瀟灑地拂袖而去？

曾經，家裡的姊妹倆都在打工，也尚未取得可以自行開車的P牌駕照，爸媽就得負責接送。

每個月以及每一週，只要她們有新的班表出來，我就得將全家人的時間表登錄在手機行事曆上，好安排大家的生活作息，和車輛來去間的調度與接送計畫。那對我來說，是一段滿辛勤的日子；女兒們不僅學校課業忙碌，課外活動等外務也不少，再加上工作和家教，行程表通常是滿檔。

黑夜中的等候

好幾年的日子裡，不僅女兒們忙，連先生的工作也忙得不可開交，不是經常出差，就是連續加班到晚間九、十點多，週末也不得閒。有一回，姊姊說她週六得做晚班，也就是說可能要忙到深夜一點，當時我想應該沒問題，週末爸爸在家，到時由他去接姊姊下班就行。

此時，姊姊已在M巧克力店做上好一陣子，我們建議，可行的話，就盡量不做週末的晚班，因爲結束清整後下班通常就搞到凌晨一點多。在她剛開始工作的一年半載，我們會配合，也樂於幫著接送她上下班，畢竟她是新手上路，不挑工作時段比較好。但長期下來，爸爸平日工作忙，年紀也不小了，每每需要熬夜等候姊姊凌晨下班總是不好，媽媽則很不喜愛大半夜要一個人摸黑出門，往返於黑漆漆的路上。

原本我以爲有先生幫忙「罩著」姊姊週六晚班的接送，結果他臨時被要求出差好幾天，時間正好跨週末。這項突如其來、不在計畫中的任務，完全打亂了全家計畫好的行程，也不好臨時請求姊姊去向店經理換班，所以我們硬著頭皮還是照原訂計畫進行。

那個週末的夜晚，姊姊當班，可是將近凌晨一點，我仍未收到姊姊工作快告一段落的訊息，通常接到訊息後就開車出門去接她，時間上差不多剛好。過往經驗是，週六店家營業至凌晨十二點，所以晚班員工清理收拾結束的時間，是依照當晚忙碌的程度而定，若正常、順利不過於忙碌的話，大概可在一點前結束；但要是晚間客人眾多，多數又在店裡聊天而離開得晚，那晚班關店的員工們就得忙到一點之後。

我久久等不到姊姊傳來可以去接她的簡訊，又已接近凌晨一點了，只好決定直接衝去店外頭等她。我要小女兒陪我一起開車去，因爲一般澳洲住宅區的夜間道路，尤其是坎培拉比較歷史悠久的南區，路燈大多被茂密多葉的樹叢遮掩住，照明狀況十分不足，沿路不僅昏暗、漆黑，路上也幾乎沒啥人，半夜開車出門，多少讓我有點膽戰心驚。

疲憊的淚水

我和妹妹小心翼翼地將車子開到M巧克力店附近，停在路邊停車格，兩人就這麼坐在車裡等姊姊。可是一等再等、等了又等，姊姊都沒從店裡出來。我們一起下車去店外頭，看到員工都還在忙，真不知何時才能結束，當時已經超過凌晨一點半了。我和妹妹再坐回車上，妹妹早已累翻，一張愛睏的臉和一臉無奈的神情，真讓人不捨，明天一大早她得打工，再不接到姊姊回家睡覺，她鐵定要跟我們翻臉了！

我再度傳了訊息給姊姊。姊姊回覆說：「快好了，你們再等一下。」

我們又等了好一會兒，看著都快要凌晨兩點鐘！這回，連我都快要發飆了，自從過了一定年歲之後，半夜要是超過一定時間，我就會開始精神不濟、犯偏頭痛。好不容易，姊姊終於從店裡出來，當時竟然已經快要凌晨兩點半了！

我和妹妹坐在車上等了超過一個半小時，這種遙遙無期又讓人煩心的等待，總叫人無奈又惱火，何況是在大半夜，讓人無法休息，等下回家又可能睡不好。

姊姊很無助、很氣餒，一上車就發飆罵出來：「有同事看到今晚很忙，竟然就落跑，說有事出去一下，就再也沒有回來！……這段時間，新來的女經理每次排班的人手都明顯不足，也不聽勸。今晚就出現問題啦，一個半途落跑，一個臨時請假，加上客人川流不息、門庭若市，我們每個人都累到說不出話來，好像怎麼做都做不完。清理完畢就算了，還得將明天一大早別人來開店的各種材料補齊！」她一路叨唸到家，我和妹妹反而沉默著，一心只想平安返家。

我們三人一進家門，哇，三點差一刻！

大女兒直接坐在門邊小板凳上，放聲大哭了起來；說實在話，我也超想哭的，我和妹妹在大半夜於店門外苦苦等候，苦惱程度和姊姊不相上下。但我再不去睡，就要超過三點了，明天一大早還得掙扎起來，送妹妹到市中心的果汁店打工。

當下，我根本沒時間安慰姊姊，只能耐住心情跟她說：「媽媽知道你辛苦了！」然後就趕著去睡覺。

看她飆淚放聲大哭，我當場、事後都沒有選擇去跟孩子說「就不要做了吧、真的就不要這份工作了。」當時我反而深深覺得，年輕人本就該多磨練，遇到一些心酸、挫折未必不是好事。現在假若已經夠資深，我們大可以自己選擇班表，甚至調整上班時間，但不是隨便說不做就不做，畢竟世上又有哪份工作不會遇到任何不順、挫折，不會出現令人難過、發飆的事，除非你真的可以不為五斗米折腰，瀟灑地拂袖而去？

挫折之後，選擇再度出發

許多人看到她們姊妹倆幾年之間一路走來，又是念書成績不錯，又是做過這麼多工作，至今仍身兼數職。看來或許讓人稱羨，以為她們是天之驕女，凡事順順利利，總是一個工作接著一個，同時又能擁有多份工作，好像永遠都有很多機會，而且還能兼顧課業，從高中到大學的成績表現多半都能拿到優等或特優。

但其實，不論是姊姊還是妹妹，在這五年間的打工經驗背後絕對是有苦也有淚，畢竟所有光鮮亮麗的身影都是人前短暫，長期付出無以名狀的汗水、心血、勞累與淚水。這些數不盡的酸楚與挫折，總在她們挫敗與飆淚之後，務實地靜下心來自我思考、重拾自信，選擇再度出發產生動力與毅力。

而我，很欣慰地看到她們能夠在擦乾淚水、撫平傷感後，再度願意抬起頭來面對事情與工作。

不知變通、管理失控的店經理

教養觀察

人可以很簡單，也可以相當複雜，學習如何處理人際關係以及智能兼具的管理術，絕對是孩子未來的一大課題。

大女兒很不滿地說：「她總是說，我又不知道店裡面到時候會有多忙，怎麼可能在排班時就先想好要加派人手？」大女兒口中的「她」，就是習慣振振有詞地辯解著自己排班概念的M巧克力店經理。

「她就是死守著一些公司規定，說一定要按照賺多少業績、省多少成本來估算之後，才配合去排上多少人力。這樣她好交代說是幫公司『省錢』，卻讓底下的人員疲於奔命、苦不堪言，而她錯估情勢的比例總是極高。」姊姊忿忿不平地說著。

我和小女兒那晚會在將近凌晨兩點半才接到姊姊下班，就是店裡人力調度失靈、基本排班管理失控、無法因應洶湧人潮，大家才被迫忙到凌晨兩點多！人力不足，是那位女經理當家之後一直存在的重大缺失，甚至連店裡臨時短缺人手，其他沒有上班的同事都不大敢接電話，深怕自己的支援會直接跳入一場原本可以避免的忙亂「火坑」。

「我們之前幾位主管都不會這樣，他們大多很能掌握情勢，提早開始調度或商請員工來支援。」姊姊回想起。

「唉，這就是一句老話：將帥無能，累死三軍！」我感嘆地說。

她又極無奈地問：「爲什麼這位主管在遇事時，總是以較情緒化的方式來處置？」

管理無方的主管

姊姊會這樣大吐苦水，不外乎是因爲巧克力店是餐飲服務業，「服務」就是直接面對人群、面對各種客人。服務業裡的員工做好份內工作是應該的，沒做完或沒做好，本來就比較難有任何理由與藉口，所以真的要有些擔當，無論是員工還是經理。但是，靈活因應客人多寡來排班，本來就是值班經理的「份內」事，他需要確保店裡有足夠的人力來處事。

如果經理一心只想要「省成本」而固執不排出足夠員工，甚至已經讓員工即使沒上班也不願臨時支援，那顯示她的做人處事基本態度已經出了不小的問題。

很巧的是，分店女經理的妹妹也在同一家店裡工作，這位很年輕的經理妹妹當時選擇了全職工作，隨後就當上小組長；不久之後，分店女經理調到其他城市的店家，她妹妹順利升上主管。

女經理的妹妹竟會因一時情緒化而跟同事說：「你要是這樣，我就不准你的假。」或說：「我要是不喜歡某人，我就把他的班排少一點。」

姊姊下班總會嘆氣著說：「管一家店，不是在辦家家酒，一個有權力的人怎可拿管理上的權力去威脅員工做事呢？」

大女兒深深感覺到，先後擔任店經理的這對姊妹管理能力，無論是管事、管情緒，似乎是大有問題、如出一轍。雖然她們對我家大女兒還算不錯，但女兒總是就事論事，述說這些毫無章法的行爲，以及可以避免發生的管理亂象。

成長的借鑑

這幾年來，孩子們總會不時地和我們一起討論她們工作場域上遇到的事，她們習慣主動和爸媽分享，然後我們會提出一些職場上的管理案例，不論是我或爸爸在工作上曾遇到的相似情況，來個「個案研究與分析」；我們會在討論之餘假設：如果今天換作是你，這件事會如何處置？

其實，女兒們這五年多來打工「生涯」遇到的主管大多很不錯，但工作就是這樣，一旦遇到不適任、情緒化的主管，不要多，只要一個就足以讓被管轄到的員工怨聲載道；就像台灣國中孩子面對升學壓力時期，雖然大多數的老師都很好，對學生的同理心都很夠，但只要遇上一、兩個沒有章法且只知威逼高壓的老師，孩子們的日子就會苦不堪言，身心都疲憊不堪。放大到工作場域，又何嘗不是如此？

兩個女兒都體認到，年紀輕輕或許無法改變自己工作中的現狀，但若能從中適時觀察，不時給自己警惕、省思，那職場中的人事物永遠可以成爲自身成長的一面鏡子，讓自己在年少十五、二十時所流下的汗水，甚至淚水，除了加減賺得一點銀兩之外，也希望這些走過的路都能陸續轉化爲一堂又一堂的職涯歷練，更慢慢地鎔鑄成自己的智慧與能量。

遇到好主管絕對是工作上的福氣，但遇到不好的長官，在無從選擇只能承受之餘，倘若能安然度過，反倒可能成爲日後行事爲人勿「重蹈覆轍」的一大提醒。

工作和念書最大不同之處，大概就是職場本來就會有更多「人的因素」介入；人可以很簡單，也可以相當複雜，學習如何處理人際關係以及智能兼具的管理術，絕對是孩子未來的一大課題。

工作中的課題

教養觀察

職場裡的課題不少，鍛鍊心智、膽量的挑戰絕不亞於在學校求知、念書，它能讓孩子一再遇見許許多多生活成長環境裡未能預見的多樣真實社會。

姊妹倆在一路工作幾年之中，除了偶來會碰到不夠「專業、理性」的主管，以及不願承擔責任或無法勇於任事的同事之外，三不五時還會遇上無理或根本有問題的客人。

「喂，這杯咖啡不夠燙，」一位年長的女顧客以凶巴巴的口氣飆罵著：「你來嚐嚐看！你自己嚐嚐看到底夠不夠燙？你嚐啊，嚐一口啊！」

當時十八歲的大女兒在M巧克力店上班，被這位直接衝到櫃檯的顧客的堅持與音量嚇著了，一下子根本不知如何是好！她面對比自己爸媽年長、凶悍又一副理直氣壯的顧客，無法瞬間做出恰當的反應，竟然順著抱怨者的要求，真的用自己的食指和中指去沾了一下杯裡的咖啡，感受它的溫度。

她回家之後，一邊說一邊掉淚，難過這個客人強行無理的要求態度，以及自己當場絲毫不知如何做最好的懊惱。

妹妹既驚訝又氣憤地問：「什麼?!你就真的照她的意思去試咖啡的溫度？」妹妹有點痛心，覺得姊姊真是無可救藥。

飽受委屈、淚流滿面的姊姊點了點頭說：「嗯嗯。」

比姊姊小兩歲多的妹妹「開導」姊姊說：「你根本不需要這麼做，你知道嗎?!不要直接跳入客人亂七八糟的要求，尤其對方明顯很無理。如果看起來真有任何問題，你馬上請後製同事幫忙再做一杯給她，做到她滿意爲止都行。如果客人仍然不滿意，就請店經理或當班小組長出來面對就可以了，不要一直自己承擔。」

「可是我當時根本想不到這麼多，我被她那種咄咄逼人的氣勢嚇到了嘛！」姊姊很無辜地說。

我安慰姊姊說：「姊姊，沒事了啦，你以後要是再遇到類似的情況，就可以知道如何委婉處理。你確實不用自己去試或去嚐，這樣做不是最專業的，對你也不尊重。但媽媽完全能理解你當下的反應，就當是學一次經驗吧。你心裡一定很痛、很心酸，自尊心當然也受了點傷，但遇到了就當是上一堂教案課吧！」

保護公司，也要保護自己

我想起了台灣之前的餿水油事件，百年老店犁記爆發退貨潮，有顧客跑到犁記店家咆哮發怒，當場砸餅，更有來退貨的老伯要求女職員吞下糕餅。女職員當下被震懾又無力可擋下，拿起餅，含淚吞下去那塊糕餅以及無盡委屈。

吞餅影片被轉傳之後，許多人撻伐那些得理不饒人的顧客行徑，大部分都說，顧客可以抱怨、申訴、要求、生氣，但不應只拿最無權利的第一線基層員工「開刀」，情緒性地找人發洩，既不能真正解決問題，反而傷害了原本可以一起共同面對的店家員工。

任何的不滿都應該在尊重他人、自我克制的前提下發聲，尤其是對事件責任的釐清，還是要「己所不欲、勿施於人」，不應該將怒氣火力全數強加在手無寸鐵、直接處理客訴的職員身上。

講尊重，有時好空泛，尤其在服務業裡，當顧客是老大、是金主，總以為可以隨時開罵發飆，這正是服務業員工辛苦之處。好在，大多數的客人仍是正常有禮，也懂得感謝；也好在，當一個社會愈發成熟，不尊重人的行為舉止終會被社會大眾制止。因此，愈進步社會的工作場域裡，也會有更多較保障員工的方式與條例，而員工學習保護公司聲譽之際，更應該學會如何善用職場原則與規範去保護好自己。

然而，遇上了順手牽羊的顧客，如何保護店家同時又能保護好員工自己，又是另一個職場大挑戰。

揪出順手牽羊的顧客

大女兒在大一時期，開始在一家生活風格禮品店兼差，這家風格獨特的店規模不大，多數時候不過是一、兩人在顧店，週末時，則由姊姊一人負責。

有一次她正在週末當班，機靈地看到一位可疑中年婦女趁著人進人出的忙碌時刻，順手牽羊拿走店裡幾樣物品塞進大手提袋裡，然後又很有技巧地拿著一個最小件而且單價便宜的物品到櫃檯結帳，假裝自己就是一般購物後得去結帳的好顧客。

姊姊當時很機警，她很有技巧地問說：「今天就這一件嗎？我剛才好像看到還有拿一條圍巾呢?!」

聽姊姊這麼一問，心虛的婦人才順著姊姊的話說：「喔，對的，對的，還有這一件，我差點忘記了，剛才一不小心就讓它滑進皮包裡。」

結完帳之後，婦人前腳一離開，姊姊馬上通報附近其他店家，其他店家的一位資深員工即刻趕到姊姊店裡來看姊姊是否安好？

姊姊回想起，當時確實有點嚇傻了，明知婦人包包裡絕對不只多了這條圍巾，但又不能隨便栽贓，也不敢強調還有其他沒結帳的物品；圍巾是姊姊確實看到的，所以才能直接卻委婉地詢問出來。姊姊畢竟是一個人顧店，要顧好、張羅的商品實在很多，店內客人一多，很難全部兼顧啊。

獨自面對上門順手牽羊的中年婦人，姊姊當時不過是一個十八歲女孩，論氣勢勇氣，論人生經驗，都太淺薄了，能夠「搶救」回一件物品，還能以溫婉的方式自保，我已經覺得很值得鼓勵了。

姊姊回家後一直說：「我當下真的很恐懼又好擔憂。我親眼目睹，所以不能不出聲，總要去保護商品啊。」

姊姊分享之際，正好我們在戶外和朋友野餐，這位朋友聽聞後說：「你處理得很好，我們大人也不見得有你的機智。」

姊姊還是有點害怕地說：「我當時真的是一直顫抖個不停呢！」

那段時期，附近有幾個店家的玻璃櫥窗上，張貼出一張近來發現順手牽羊的竊賊照片，但真要讓年紀輕輕的小店員遇上，不僅「全身而退」還要指認出這樣的客人，確實需要有些膽量與勇氣。

職場裡的課題真是不少，鍛鍊心智、膽量的挑戰絕不亞於在學校求知、念書，它讓孩子一再遇見許許多多生活成長環境裡未能預見的多樣真實社會。

到生活風格禮品店代班

教養觀察

小店家的靈魂，是經營者及其全心投入之後所展現出來的靈巧、溫暖。獨當一面去照顧一整家店，賺到的是難得的獨門獨院式店鋪經營的「體驗」。

大女兒會到這家生活風格禮品店打工，其實是有一段故事的。

大女兒的一位高中同屆同學莎莉，計畫要在大二上學期到美國佛羅里達州去當交換生。當時姊姊正在距離我們住家不遠處的商圈投遞履歷時，正巧碰上在生活風格店裡打工的莎莉。姊姊到店裡投了履歷，不久後便收到通知去面試。

歷經幾週的支薪訓練和試用階段，生活風格用品店的老闆就商請姊姊正式簽約工作，並幫忙隔一年要去美國進行大半年交換計畫的莎莉代班。

小店經營者的用心與溫馨

這家店的女老闆溫蒂是英裔澳洲人，氣質優雅，日常生活就將自己打理得神采奕奕。姊姊說溫蒂當初遷來澳洲，和她隨著我們剛搬來澳洲時的年齡相仿，一眨眼過了數十年，現在溫蒂早已升格成爲祖母輩。她所經營的這家很具巧思的風格小店，彰顯著溫蒂的個人品味與歲月累積，即將邁入三十週年的店家，成爲溫蒂的另一項生命里程碑。

店裡引進五花八門的各式物品，全由溫蒂精心挑選，其中不少具設計感的小東西，以及屋內、室外琳琅滿目的裝飾品，其實非常適合當成小禮物贈送親友。溫蒂總是會挑選色彩豐富的物件，讓小小店家顯得特別色彩繽紛。

以往我路過這家店，總好奇地想，不知這樣規模的店要如何長久經營？一張卡片、一個燭台、一雙襪子、一個很有設計感的環保杯、一副價格合理的耳環等等，能有多少利潤與銷路呢？但自從姊姊開始在那

◆生活風格禮品店琳瑯滿目的商品，很適合送禮。

裡工作之後，我們逐漸發現，小店還是很有社區老店的溫馨人際關係特色。很多老顧客會三不五時進來光顧，偶爾路過的新客人也會逛著晃著就走進來買買小東西。

小店家的靈魂，是經營者和她全心投入之後所展現出來的靈巧、溫暖。溫蒂總會跟姊姊說，她店裡時常會展售一些新品，也盡量準備適合每個潛在客戶的東西。難怪，每逢親友生日、節日或年節慶典等等，總是有各種客人上門來找各式小禮物。

姊姊說，每次當班都會有人來消費，她除了要幫忙結帳買單，還要負責幫客人包裝禮品。在這家生活風格用品店裡工作，包禮物是一項必備的員工技能，因爲店家標榜，任何選購商品皆可協助包裝，不論價值多寡。

一個願意讓新舊客戶光顧的特色店家

姊姊在店裡前前後後差不多做了九個多月的時間，她和其他兩位員工都擁有鑰匙，可以分別在不同時段負責開店或關店。這段期間，她不僅觀察到溫蒂如何經營一個五臟俱全的零售店家，更了解到一位經營者如何戰戰兢兢地關注每日營收；每逢出現營收不足某個特定金額時，年長資深的溫蒂不免開始緊張、憂心。溫蒂經營店家可說數十年如一日，平日一定進店來詳細盤點各類貨品，親身了解整體經營狀況，其用心程度與工作精神都讓姊姊深深敬佩。

只是上了年紀的溫蒂仍然以手寫方式記帳，營收登錄、進貨成本和銷售價格等等全是手寫，就像我們父執輩那一代，勤勤懇懇、鉅細靡遺地將所有營業往來都寫在一個簿記帳本裡。姊姊曾經思考過，溫蒂數十年來以手工完成的這些記帳，若都能用電腦e化，溫蒂一定會省事、輕鬆許多。

姊姊在溫蒂這家店工作時，仍保有巧克力店和家教的工作，因爲她這段期間主要是幫同學莎莉代班，等莎莉從美國交換回來並安頓好生活之後，就會恢復在溫蒂這裡上班。到時候，店裡平日不需要這麼多額外員工，只有偶爾出現人力短缺時，或許溫蒂才會需要再找姊姊過去幫點忙。

這份工作讓姊姊第一次獨當一面去照顧一整家店，不僅要收銀、結帳、包禮品，經常面對不同客人的購物服務需求，所以忙碌起來也真的很忙。而那段期間，我們每次路過或專門去等姊姊下班時，總會忍不住進去逛了起來，偶爾心血來潮買一、兩樣小用品。我們總打趣地和姊姊笑稱：「這真不是個好地方啊，你在這兒打工賺零用金，我們卻不時做了小額花費！」

不可否認，姊姊賺到的是一種難得的獨門獨院式店鋪經營的「體驗」，看著溫蒂這位經營了三十年的業主如何努力持守初衷，以她雖然傳統卻毅力十足的風格，打理出一片仍然廣受老主顧和新客戶都欣悅臣服、願意走進來光顧的特色店家。

A ◆ 在生活禮品店裡專注工作的姊姊。

B ◆ 溫蒂引進五花八門十分有設計感的小物品。

第五話 ——

沒有工作是容易的

溫暖的生日賀禮

教養觀察

不同的工作領域總會出現一些不同形式的溫暖表達方法。或許，有一天輪到孩子們獨當一面成為管理者，應該會去思考以怎樣的方式對待周遭同仁最為恰當，怎樣與人相處才能讓人體會到他們的真誠、窩心與溫暖。

那天，是大女兒的十九歲生日。

姊姊一位要好的高中同學潔辛塔知道她在生活風格禮品店的工作時間，特別前往店裡找姊姊，想給她一個驚喜。潔辛塔知道姊姊愛看書，買了兩本小說送她。那一天，正好老闆溫蒂也在店裡，一看到潔辛塔送給姊姊的生日祝賀，既驚喜又不好意思地說：「喔，對啊，今天是你的生日，我差一點忘了！」

溫蒂趕在下班之前，特地到花店買了一大束花送給姊姊，還在隔天上班時，附上一張姊姊自昨日起剛滿十九歲的最新時薪表，寫下了調整後的平日、週六和週日上班時薪。這是依照澳洲首都特區政府規範的零售業基本薪資所計算出來的未來一年時薪。澳洲打工的時薪會依照產業別與年齡層來劃分，通常是以二十或二十一歲爲基本分野（不同州與職業性質會出現一些差異），二十或二十一歲以下者，年齡愈大，時薪愈高；反之，年齡愈小，時薪愈少。二十或二十一歲以上則屬於成年人，基本薪資不再隨年齡調整，除非擔任的職務與負責的業務不同，或公司與政府繼續在薪資水準上做了調整。

貼心的好主管

姊姊開心地拿著花店特別包裝過的大束捧花回家。我笑笑說：「哪有這麼好的事情?!你們溫蒂老闆還會特別買生日禮物送你，好窩心，好溫暖！」

我笑著再說，不像爸爸的工作場域，總不時有人喜愛去關注最高主管的生日，主管生日當天，就會買個大蛋糕在辦公室召集部分同事去給主管私下慶生驚喜。每次我聽到這種對長官「別有心機」的故事，都會調侃先生說：「要是我當老闆一定會問，請問是不是每一個同事生日都有慶生會和蛋糕啊？如果發現事實並非如此，那我真是謝謝大家也心領了，麻煩請大家把這個蛋糕拿去分享給所有同仁！」

我會難以收下這份專門獨享的ＶＩＰ祝賀，只因爲我是最高階主管，就能享有這樣「與眾不同」的待遇嗎？如果這份「心意」不是來自於一視同仁，不能公平對等地適用於每一位同仁，那我當真會無法下嚥啊。

我跟孩子說：「以前你們的爺爺就曾說過，在他那個威權、封閉的年代，就有許多人專門在最高階長官生日時，提著蛋糕到長官家裡高唱生日快樂歌。爺爺說，他是個讀書人，這事他一點都做不來。你爸爸，也和爺爺一樣。」

其實，不是幫別人慶生不對，而是「別有目的」的慶生、「不對等」的慶生、以下對上的「專門」慶生，因爲問題出現在這不是對芸芸眾生的一視同仁。如果在上位者需要別人巴結或者逢迎拍馬，也鼓勵甚至獎勵有類似行爲的人，那麼對於許許多多認真努力、默默在崗位上盡忠職守的員工，是多麼大的不公平、多麼大的諷刺，以及多麼差勁的示範啊。

我常說，大概是我年輕時待過的職場，任何一位員工生日，再低階、再普通工作的職員，都會被同樣視爲「壽星」來慶賀，從不會只幫最高階主管辦慶生會。所以，那天當我看到姊姊在如此年輕時就能遇到貼心的好主管，確實把員工當作「資產」與「人」來看待，對姊姊來說，我認爲這絕對是一股正面、良善的影響力量。

把員工視為親友

姊姊生日後的一個多月就是聖誕節假期，溫蒂老闆又送姊姊一份好大的聖誕禮物。姊姊工作完後開開心心地拿了禮物回家，我好奇地問：「這是什麼啊？」

她說：「溫蒂送的，每個人都有自己獨特的一份聖誕禮物。」

我驚喜地開玩笑說：「這真是有點承受不起呢，你該拿的時薪沒一次少過，一週十來個小時的打工，老闆不僅依法提撥了你的退休金，連生日、過節還這樣費心準備禮物，真讓人感動啊。」

溫蒂有這樣非常溫暖、人性化的作風，但我們不會傻傻、盲目、天真、不理性地認爲或期待所有經理、主管都應該如此。畢竟，溫蒂的店家是她整個生命的延伸，員工就這麼兩、三位，她願意視之爲親友，好好善待，是她本性如此。

我和孩子們都清楚知道，溫蒂贈送員工的生日或聖誕賀禮其實都是額外、附加的，一位好主管只要有正確優秀的管理作爲，對待員工合情、合理，不要將帥無能、累死三軍，那麼溫蒂這些附加的溫暖並不是那麼重要，員工們也不見得需要特別去期待。

但也因爲溫蒂如此溫馨，所以姊姊能夠收到這樣的祝福。我跟女兒們說，要心存感謝，雖然溫蒂願意這樣做，但我們不能視之爲理所當然。

不同的工作領域總會出現一些不同形式的溫暖表達方法，這也成為姊妹倆工作多年來三不五時的一項驚喜。妹妹在P牌珠寶飾品店工作，只要有同事生日，不論其職位高低，員工和經理們會共同出資，在每個人可以接受的金額分攤下，以員工價一起合買一份P牌的飾品送給當月的壽星；當然，大家會先私下了解這位壽星可能喜愛的飾品是哪一些，才能送得適得其所、皆大歡喜。

這些是女兒們在工作職場上所發生的插曲，老闆、主管和同事們的溫馨贈禮，以及爸媽所陸續分享的人生閱歷，都讓姊妹倆在年齡尚輕之際一一看在眼裡、聽進耳裡。或許，有一天輪到她們自己獨當一面成為管理者，應該會去思考以怎樣的方式對待周遭同仁最為恰當，怎樣與人相處才能讓人體會到他們的真誠、窩心與溫暖。

◆在生活風格禮品店打工的姊姊，感受到老闆溫蒂的真誠與溫暖。

幫櫥窗模特穿搭衣服的即興面試

教養觀察

每一份工作的壓力都非常不同，但道理非常一致，就是天下確實沒有白吃的午餐。女兒們逐漸體會到，任何營運要想有效營收與繼續生存，除了不能有任何碩大的缺口出現，還得持續不斷的努力和與時俱進。

大女兒的同學莎莉從美國回來了，不久之後，溫蒂的店應該就不再需要額外的人手。

姊姊早已開始煩惱該怎麼辦，雖然她手上還有巧克力店和家教的工作，但還是希望能再找一份工，這樣她只要一週去巧克力店兩回，維持基本一週八小時左右的工作時數就好。

溫蒂店裡有一位全職的同事妮可，她和姊姊很要好，有一天她貼心地跟姊姊說：「我們店對面的那家進口服飾店好像有缺人，我是沒辦法去，但你要是有興趣，不妨去應徵看看。」

姊姊雖然還沒在服飾店打工過，卻很樂於嘗試。這家服飾店正好就在溫蒂的生活風格禮品店正對面，老闆和老闆娘應該也見過姊姊，知道姊姊為什麼要離開溫蒂的店，也仔細閱讀了姊姊送過去的履歷表。

臨場反應測試

姊姊去面試的當天，老闆真的照著履歷表問了一些問題，包括為何姊姊會選讀雙學位，而且其中一個學位還是視覺藝術學位？為何姊姊會對某些事物感興趣？也非常好奇姊姊會拉大提琴等等。聊著聊著，老闆忽然說他得出去一下，跟姊姊說：「那請你將玻璃櫥窗的模特兒身上所穿衣飾通通換下來，再從店裡的服飾當中找出你認為適合的，再給這些模特兒穿上吧，別忘了還有首飾、配件。」

老闆一離開，姊姊就趕緊從店裡眾多各式各樣的衣飾中快速翻找、過濾，忙碌著嘗試幫模特兒搭配了好幾套衣服。而她竟然在老闆回來之前，將這項從未試過的「不可能的任務」做完了。

不知是不是這次的搭配換裝嘗試還算ＯＫ，姊姊通過了應徵。

其實，這家進口服飾店家在老闆夫婦的親自挑選下，購進了不少歐洲服飾品牌，主要銷售對象是職業與熟齡婦女。店裡服飾選擇很多，但價格不便宜，在店內空間有限的情況下，各類衣飾在這市區南邊總店裡被擺掛得滿滿的。年紀輕輕的姊姊在應徵之前並未真的逛過這家店，所以當時一下子要在短時間內搭配出熟齡女士合適的衣服，確實需要一點臨場機智與動手一試的勇氣。

或許「壓力」有時候確實會發揮激勵作用。姊姊回想，她是在千頭萬緒與忙亂之下，逼自己找出合適的搭配。

於是，姊姊開始在這家服飾店當班，負責在週五至週日間工作，除週六之外，其他工作時間不算太長。但老闆說，他們在城區北邊還開了一家分店，所以想要姊姊週五到城南老店，週六和週日則獨自到城北分店去負責開店，同時下班後也幫忙關店。

◆在進口服飾店上班的姊姊經常得自己一人顧店面。

城北的店家空間還滿大的，位於一個比較新潮、藝文匯集的區域。姊姊在城南邊的總店工作時，我們從未到店裡或附近去看過她，因爲城區南邊的社區型商圈環境還算安全與熟悉，距離我們住家也不遠，姊姊已經在對面的生活風格禮品店打工多時，早已能自主獨立了。但是，姊姊初次到城區南邊的服飾分店去上週六日的工作班表時，我和先生倒是去看過她幾次，也多次接她下班，主要就是必須了解那區域周邊的環境和店家附近的安全條件等等。

老闆、員工壓力大不同

姊姊在這家服飾店工作超過一年，她說有時候會有銷售業績上的壓力；這類型進口服飾店和溫蒂的生活風格禮品店經營上最大的差異，就是溫蒂店裡多半是販賣小巧物件商品，而且隨時會有客人進出，幾乎每個小時都會有人逛進來買點物品，畢竟它們的單價不高。但進口服飾店的基本特性就是單件商品價格比較高，老闆新開設位於城區北邊的新分店又不像南邊總店已有二十多年歷史，有時姊姊在週六上班的四、五小個時內，竟然一件衣服都沒賣出去。

天氣不佳、人潮稀少之時，老闆就會商請姊姊提早一小時下班，才不用多支付一小時的週六工資。週日也一樣，要是生意平淡，就一定會提早關店。

姊姊頗有感觸地說：「這個新分店確實有它的挑戰，顧客群還沒形成，逛的人比真正買的人要多。」這也形成姊姊工作上的另一種壓力。我跟姊姊說：「你可以試著站在老闆的角度來思考，壓力本來就會有，開門一天若無一定的進帳數額去分攤每日店租、水電雜支，還有你至少四小時的工資等等，老闆長期下來不要說感受到壓力了，連基本營運都得謹慎評估、思考。」

後來，每次姊姊從進口服飾店下班，就會趕緊和我們分享，述說著她今天賣出了多少件衣服，總收入大概多少金額等等，這時她的口氣就像是如釋重負般開懷。

每一份工作的壓力都非常不同，但是道理非常一致，就是天下確實沒有白吃的午餐。女兒們也逐漸體會到，社會上的眾多事物如同環環相扣的鎖鏈，一個環節緊緊扣著另一個環節；任何營運要想有效營收與繼續生存，除了不能有任何碩大的缺口出現外，還得持續不斷的努力和與時俱進。

Q 姊姊打工到半夜必須去接她，是親子間唯一一次稍有的爭執。除此之外，還有衝突時刻嗎？如何化解？另，有沒有遇到主管的要求與自己的價值觀衝突的時候？

A

好像這幾年來都還算平靜，親子間很少會在打工的時間調度與幫忙接送上產生難以協調的爭執場面，畢竟她們遇到的澳洲主管基本上還算「正常」，整體工作環境和同事大抵也算好。

另外，書裡的篇章內容曾提過，姊姊工作的高級服飾店老闆當然希望姊姊能多賣出一些服飾，但姊姊不喜歡催促、遊說客人，這讓當時年齡半大不小的姊姊面對銷售業績的自我要求壓力很大，有時會覺得自己很難面對老闆。

我跟姊姊說過，你若站在老闆的角度，就能充分理解為何他們會有業績要求。他們的要求不是不妥，而是和第一線銷售人員的角色不同。這些老闆們的年紀大多和我相當，人生閱歷豐富，在所謂對客戶的促銷分寸拿捏也大多能適當、合宜。所以我會跟女兒們說，她倆的個性屬於溫和親切，就算是銷售時多給上門的客戶一點小小建議或提示，也絕對不會給人家有過多催促的壓力感受。

這其實也算是工作上遇見的一種價值觀與角色「衝突」，但隨著孩子的年齡愈長、經驗愈豐富、見識愈多，當然也就更能理解與處理這些難題。

Q 爸爸對姊妹倆打工是怎麼看待的？他的角色和媽媽一樣嗎？

A

他超級支持的！

爸爸對於我們三個女生（包括媽媽）的工作和生活，永遠是給予最大的支持與鼓勵。除了妹妹在大二時，本來想是否要申請參加一趟去緬甸的政治課程學分之旅，曾經讓爸爸稍有擔心而面帶點難色，還有就是姊姊在美國當交換生時，曾經詢問我們是否可以跟同樣來自西班牙的交換生同學一起去古巴自助旅行，讓爸爸當下臉部表情瞬間僵硬，其他的都一貫支持再支持、鼓勵再鼓勵。

爸爸最在乎的當然就是大家的旅程與出外環境的安全，只要媽媽和女兒們能夠多方考慮到安全，並且做好準備工作，爸爸對女兒們的打工和出外學習交換等等一向舉雙手雙腳贊成。

搭上澳洲孩子轉大人的列車

姊姊大三時，朋友一家在週末行經坎培拉市北邊的布萊登（Braddon）區，他們沿路走逛到了大女兒當時工作的進口服飾店。那天正在櫥窗裡幫模特兒整理衣飾的姊姊，很驚喜地透過大片落地窗看到這位友人一家大小。

姊姊非常開心地和他們隔著大片玻璃打招呼，他們見到姊姊在店裡頭，就興奮地和姊姊揮手，也走上了幾節階梯一起轉進店裡。

要不是姊姊在櫥窗邊的意外瞥見，還打了招呼，朋友們或許根本不知道姊姊當時就在那裡打工。其實姊妹倆打工多年了，又一再身兼數職與工作調整，我們早已來不及一一和朋友們分享，更無法隨時、及時更新姊妹倆的近況。

所以，要是真的把姊妹倆的職場生涯親身經歷與體驗都逐一講述、分享，那實在是一時三刻難以說明清楚，正如同我在〈自序〉中所述，這是一個三天三夜都講不完的青春故事。

得來不易的生存智慧

當天傍晚，朋友爸爸傳了 LINE 到群組裡說：「哇，你家姊姊打工的地點，真是愈來愈高級喔！」

我看了大笑，回答說：「那你們還沒去看過妹妹現在打工的地方呢！」一邊笑一邊回覆著。其實，我真是笑鬧著讓大家開心、歡樂的。

後來，朋友們帶著孩子來家裡上鋼琴課，朋友媽媽說：「哇，姊姊那家店裡的衣服也未免太貴了點吧，一件棉質上衣竟然要價ＸＸ元！」雖然，我已經不太記得朋友到底說了多少錢，但她那驚訝的表情煞是可愛！

話說，孩子們在那麼多地方工作過，這真是唯一一家我還沒去消費過的店家。

在歷經這麼多年陪著女兒們走過求職、面試、接送上下班、聆聽她們職場的大小體驗之後，我已經更能夠以「平常心」看待女兒們的打工，也漸漸視爲平常生活與日常事物的一部分。不像她們開始打工初期，我自己可能比女兒們還興奮、激動，孩子去店裡打工，爸媽自己逛得很盡興，也去捧場吃得開懷。

那天朋友在 LINE 上這麼一說，我還以玩笑話回覆著，一副姊妹倆在職場一路走來都看似輕鬆愉快、談笑用兵的架勢。事實上，姊妹倆在過往多年之間，一步步地走過許多不同的職涯範疇與工作形式。

這幾年的轉換過程以及她們現在手上的工作，假若看似更爲高級、高檔，那也是她們在工作好一陣子，經歷逐一扎扎實實、流汗流淚之後，再深思熟慮、理直氣壯地順勢調整轉換的結果。這一切的轉變歷程絕非出自於一開始就規畫好的刻意設計，絕非出自於只限定某種類型工作的投機算計，更非出自於逃避眼前的困難而轉換跑道，因此對她倆來說，職場歷練與生存智慧顯得特別得來不易。

只有歷練過，才能完全體會

就打工做事這條路途來說，女兒們在幾年之間，既無「關係」可以依賴，也無求職捷徑可走，更沒有可能一步登天靠任何人的關係與關說坐上輕鬆的位子。她們從未遇見過「直升機」式的工作職位，恐怕連搭上「超跑、飛機、便車」的一絲影子也無。

對於她們能從基層辛勤的工作做起，身爲爸媽的我們竟會莫名奇妙地感到一絲自豪；姊妹倆從無機會成爲「媽寶」，從無機會當一個「英英美代子」，或是好命地做一個天之驕女。

多數人絕對很難想見，原來姊妹倆所經歷且現在所擁有的這一切，是靠著時間的累積、青春歲月的真實付出，以及數不盡的體力、心神消耗。姊妹倆其實最怕人家一見面就直白地說：「我也好想跟你一樣，在同一家店裡工作！」因爲這表示「羨慕者」不知道這裡面必須經過的磨練歷程，也不了解每一份工作從求職到就職，都是從無到有、從辛勤到熟練，再歷經過許許多多的轉折，才可能走到今日。

無論外人羨慕與否，光鮮亮麗的背後都有姊妹倆的心血、汗淚，所以她們特別珍視只有自己胼手胝足歷練過才能掙得自己一片天的可能。

我常常在心底一再咀嚼：「女兒們所有這些看似讓人稱羨的經歷，事實上都有著她們無盡的辛勤勞苦，和一步一腳印的青春足跡；飆淚、嘆氣、埋怨有之，歡笑、滿足、自信亦有之。只有自己走過，才能完整體會。」

有許多人恐怕還是會說，我才不要讓孩子浪費時間去打工，孩子就應該去做那些「與自己未來相關」的學習、見習或實習。我們先不論工作本身的性質與專業，或說工作本質是否與女兒們所學相關等等，如果純粹就打工這檔事而言，它本來就不需要是一種「實習」，不一定要與孩子所學的科系相關。

或許能夠相關也很好，但就一個十五、十六歲青少年來說，「未來」到底是什麼？現在就讀的科系又是什麼？現在就去比手畫腳地談論「未來」是否太早了？因爲，未來如果想像一定是什麼，就一定有什麼嗎？那麼現在多去接觸、體驗一些未來不見得一定能從事的工作，又如何呢？

不刻意要求青春年少一定按照大人們的規畫，不刻意找一些與現在所學的職場去試做，豈不也正是一種尊重青春年少自然「順勢而爲」的生活體驗？豈不也正是一種另類的「年少不輕狂，枉做少年兒」、鼓勵青少年打拚的精神嗎？

事實上，「打工」應該像是爲了面對現實生活面在打拚，所以打工所經過的每一段歷程，尤其是澳洲青少年，多半從基層的勞動力做起，很普遍，很正常，很符合澳洲社會對於中學生打工的習以爲常概念。

父母的加持是孩子轉大人的力量

回想來路時，我一再發現，不是每一位和我兩個女兒擁有相似背景的青少年及其家庭都會願意選擇這條路。事實上，有很多家長是不願意孩子這麼「辛苦」的，也或許不認爲有這個必要性。

然而對我而言，這些陪著孩子走過的歷程，並不是孩子有沒有必要去走過，而是我總是習於「順著」孩子想要去走的路走下去，從不是逆向的、從上而下的要求她們必須「遵循」我們大人自認規畫得宜的路徑，其實卻只是大人自以爲是的路子。我也發覺，這麼多年之後，當我不斷回首發現這些經驗發展，最初全是因爲女兒們的性格與決定，不論是當年年僅十四歲的小女兒，或是十六歲的大女兒。

小女兒獨立好強，一心想要跟澳洲青少年同學一樣去外面「辛勤」一番，好讓自己覺得很有用又有點酷，或甚至覺得自己要能跨出去，才會像個「大人」。而大女兒是爲了融入一個全新的澳洲學習環境，所以在搬來不到一個半月，就逼自己去申請工作見習，卻在不到第三個工作天，就被澳洲公立小學課輔中心主任想直接長期雇用她當孩子們的小老師。

但是，不論女兒們擁有多大的好奇心與勇氣，不論多麼願意接受任何挑戰去走自己的路，如果沒有父母們的尊重和加持，這些當時未成年的孩子還是無法穩穩當當地試著去展翅高飛。身爲父母的我們，在當時畢竟仍是孩子們的法定監護人，依然擁有沉重的權責，所以更需善用我們的智慧、社會歷練與人生經驗，給予孩子引導與適當的建議。

父母的加持，莫過於協助了解、適當支持、適時鼓勵、建設性地出主意，更在孩子遇到挫敗無力時，與他們感同身受一下，陪他們一起哭泣感傷，陪他們共同找出面對、度過黑暗期的心態與方法。

來到澳洲這五年多，孩子們因緣際會搭上澳洲孩子轉大人歷程的這趟列車，轉換得好與不好，或許還要留待幾年之後再回首一番，但她們確確實實一步步跨出了舒適圈，也跨進了轉大人的初階段，賺得了難得的體驗，積累了面對成年人職場挑戰的基礎。

我真心爲她們感到開心，也很欣慰自己陪她們一起走過。

寫於二〇一七年八月　澳洲坎培拉

PS. 七月大女兒自美國回來後，又經驗了不同的領域與歷練。

青春的打工故事總是不斷地發展與向前進行。

預習世代
無懼未來的青春教養故事

作　　者　陳之華
照片提供　陳之華

資深主編　鄭祥琳
責任編輯　陳懿文
美術設計　東喜設計工作室　謝捲子
行銷企劃　鍾曼靈
出版一部總編輯暨總監　王明雪

發 行 人　王榮文
出版發行　遠流出版事業股份有限公司　臺北市南昌路二段 81 號 6 樓
電話：(02)2392-6899　傳真：(02)2392-6658　郵撥：0189456-1
著作權顧問　蕭雄淋律師
2018 年 3 月 1 日初版一刷

定價　新台幣 380 元（缺頁或破損的書，請寄回更換）

ISBN 978-957-32-8214-3
遠流博識網　http://www.ylib.com　E-mail:ylib@ylib.com

國家圖書館出版品預行編目 (CIP) 資料

預習世代：無懼未來的青春教養故事 / 陳之華著 . -- 初版 . -- 臺北市：遠流，
2018.03
面；　公分
ISBN 978-957-32-8214-3(平裝)
1. 親職教育 2. 青春期 3. 生活指導
528.2　　107000167